谈判的艺术

The Art Of Negotiation

鲁克德◎著

江西美术出版社
JIANGXI FINE ARTS PUBLISHING HOUSE

图书在版编目（CIP）数据

谈判的艺术 / 鲁克德著 . -- 南昌 : 江西美术出版社 , 2017.5

ISBN 978-7-5480-4335-5

Ⅰ . ①谈… Ⅱ . ①鲁… Ⅲ . ①谈判学 - 通俗读物 Ⅳ . ① C912.35-49

中国版本图书馆 CIP 数据核字 (2017) 第 033397 号

出 品 人：汤　华
企　　划：江西美术出版社北京分社（北京江美长风文化传播有限公司）
策　　划：北京兴盛乐书刊发行有限责任公司
责任编辑：王国栋　康紫苏　刘霄汉　朱鲁巍　宗丽珍
版式设计：曹　敏
责任印制：谭　勋

谈判的艺术

作　　者：鲁克德

出　　版：江西美术出版社
社　　址：南昌市子安路 66 号江美大厦
网　　址：http：//www.jxfinearts.com
电子信箱：jxms@jxfinearts.com
电　　话：010-82293750　　0791-86566124
邮　　编：330025
经　　销：全国新华书店
印　　刷：保定市西城胶印有限公司
版　　次：2017 年 5 月第 1 版
印　　次：2017 年 5 月第 1 次印刷
开　　本：880mm × 1280mm　1/32
印　　张：7
I S B N：978-7-5480-4335-5
定　　价：26.80 元

本书法律顾问：江西豫章律师事务所　晏辉律师

前　言

Preface

当孩子不坚持刷牙、写作业磨蹭的时候，你是不是对孩子发过脾气，却依然无济于事？

你有没有面对同事的请求，本想说“No”，但却说了“Yes”？

你有没有本来打算与他人好好合作，但后来因为存在分歧而使谈判僵持不下？

你有没有在说完什么话之后，追悔莫及？

你有没有在同意一件事之后，发现自己吃了大亏？

……

如果你回答“是”，那么你急需要阅读本书——《谈判的艺术》。

无论是生活、工作、销售还是经营自己的生意，都需要与人合作，并要在合作中实现自己的意图，或者为自己争取更多的利益，而这个过程，就是谈判。

准确地讲，谈判是相关当事人就共同关心的问题互相磋商，交换意见，寻求解决问题的途径和达成协议的过程。

你和爱人之间、和孩子之间、和客户之间、和同事之间、和老板之间、和陌生人之间，只要存在共同关心的问题，只要不想以武力来解决，那么你们之间就需要协商、需要交换意见、需要来一场谈判！

谈判无处不在，但却总是被忽略、被误解、被人搁置一旁。

在这本具有革命性意义的书中，通过对形形色色的谈判案例进行研究，加上作者 20 余年来在职业生涯中的体验和感悟，总结出了一套具体详细、实践性强、效果更好的谈判技巧。这整套谈判技巧极其有效、适用于任何人和任何情境：销售和公关、商业和政治、孩子和工作、旅行和购物、人际关系、爱人和伴侣、竞争对手等。

当你掌握了这些谈判的技巧，并像艺术家一样将之运用自如，那时你会明白：无论是向保险公司索赔、争取店家打折、说服孩子阅读一本书、与爱人度过一个皆大欢喜的浪漫周末，还是要求供应商降价 10%，所使用的谈判工具都是一样的。

当你学会了谈判，开发了自己与生俱来的谈判潜力，在生活各方面你都能与他人建立合作关系，并能为自己争取更多！

从现在开始，遇到问题不要急躁、不要武断、不要在该动脑子的时候动感情，而是要默默拿起谈判的武器，去争取自己想要的一切！

相信拥有谈判力的你，将在各行各业如鱼得水，享受梦寐以求的人生。

目　录

Contents

CHAPTER 3 谈判实战（一）：谈判的准备

CHAPTER 4 谈判实战（二）：开局的艺术

CHAPTER 6 谈判实战（四）：收局的艺术

CHAPTER 7 不道德却合法的谈判诡计

CHAPTER 8 解决棘手问题的谈判艺术

CHAPTER 1

其实，你就是不懂谈判

谈判是人类行为的一个组成部分，人类的谈判史同人类的文明史同样长久。

只要有人类交际活动，谈判必然会如影随形，言语的或非言语的，有意识的或无意识的……谈判无处不在。你无法摆脱谈判，你只能成功或者失败。

——世界一流谈判专家　斯图尔特·戴蒙德

◎ 所谓谈判，就是懂得协商并为自己争取更多

邻居家的小狗每天夜里狂吠，吓着了你刚出生的婴儿，你犹豫再三后，决定去找邻居谈谈……

你的助理向你辞职，你同意了，但是希望他再工作两个月，以便你能在忙完这个销售旺季后再招聘接替他的人……

你的经销商同意在年底前支付今年的全部货款，前提是你能给他增加3%的销售返点……

保险公司告诉你，你今年的汽车保险费要涨价，原因是在过去的一年，你的车出现过两次理赔事件，你觉得这不公平……

上述情景，都需要你去做一件事——谈判！

何谓谈判？谈判是当事人就共同关心的问题互相磋商，交换意见，寻求解决的途径和达成协议的过程。

谈判有广义与狭义之分。狭义的谈判是指正式场合下的谈判——在一个专门的房间里，有事先拟定的议题、有谈判桌，有谈判双方的代表等。广义的谈判是指除正式场合下的谈判外，一切协商、交涉、商量、磋商等，都可以看作是谈判。

广义的谈判随处可见，如夫妻间商量去哪家商店购物，父

子间讨论何时去郊外游玩，与快递员商量超重不多收快递费的问题等。

◎ 谈判是对话，但不是所有的对话都是谈判

谈判在形式上体现为一种对话，在这个对话中，双方说明自己的情况，陈述自己的观点，倾听对方的要求，在不断的交锋中，双方互相让步和妥协，最后达成协议或谈判破裂。但不是所有的对话，都能称之为谈判，谈判有明确的组成要素。

一般地说，谈判由四个基本要素所构成，这就是谈判主体、谈判议题、谈判方式和谈判约束条件。

1.谈判主体。就是指参加谈判活动的人员。大多数谈判的主体都是双方，少数谈判有三方及以上的谈判主体。例如朝鲜核问题，就是六方会谈，由六个国家派代表构成谈判主体。

2.谈判议题。就是指在谈判中双方所要协商解决的问题。这种问题，可以是立场观点方面的，也可以是基本利益方面的，还可以是行为方面的。一个问题要成为谈判议题，需要具备一定的条件：一是它对于双方的共同性，亦即这一问题是双方共同关心并希望得到解决的；二是它要具备可谈性，也就是说，谈判的时机要成熟。在现实生活中，本该坐下来谈判的事，却

一直未能真正去谈，这主要就是因为谈判的条件尚未成熟。

3.谈判方式。谈判方式指的是谈判人员之间对解决谈判议题所持的态度或方法。如果以谈判者所取的策略、态度为依据，则谈判方式可有软弱型、强硬型和有软有硬型三种。

软弱的谈判者大都希望避免冲突，随时准备为达成协议而让步，他希望圆满达成协议，却总是为遭受对方的剥削而深感其苦。

强硬的谈判者对己方提出的每一项条件都坚守不让，他们采取的寸利必争的策略，以获得最大利益的满足。

有软有硬的谈判方式也可以看作是“原则谈判法”。它是根据价值来取得协议，根据公平的标准来做决定，采取灵活变通的方法，以寻求谈判双方各得其利、均有所益的最佳方案。正因为如此，现代谈判学认为，原则谈判法是一种理想的、广泛适用的策略。

4.谈判约束条件。谈判约束条件主要有以下几个方面：是个人之间举行的谈判还是组织之间举行的谈判？某一方的谈判组织内部意见是不是一致的？作为谈判的代表人物，他的权限究竟有多大？谈判的最终协议是否需要批准？是否还有与谈判议题相关联的问题？谈判有没有时间上的限制？秘密谈判还是公开谈判等。这些方面，不同程度地影响、制约着谈判的进行和结果。

◎ 什么时候可以谈判，什么时候不可以

除了以上四个要素外，谈判还有三个特点。

1.谈判的目的性。每一个谈判都是为了一定目的而展开的。如果通过谈判不能达到任何一方的目的，谈判根本没有必要进行。为此，在进行谈判之前，谈判各方必须首先明确自己要进行谈判的目的，并了解对手为什么要进行谈判，只有这样才有可能采取主动，做好充分准备，选择恰当的谈判技术。

通过谈判双方的差别来满足各自的需要，最后达成协议，这条原则为创造性地通过谈判解决问题提供了空间。

例如有个父亲对儿子说："儿子，你已经长大了，该娶媳妇了。我给你找个老婆吧。"儿子说："我不要。"父亲又说："可她是比尔·盖茨的女儿。"儿子听了说："好吧。"第二天，这位父亲找到了比尔·盖茨并对他说："尊敬的比尔·盖茨先生，我给你找了位女婿。"比尔·盖茨说："想做我女婿的不胜枚举。我不需要。"父亲说："可这个人是世界银行的副总裁呢！"比尔·盖茨听后说："那好吧。"又过了一天，这位父亲又去找世界银行总裁说："尊敬的总裁，我给您找了位副总裁。"银行总裁说："我们这里已经很多银行副总裁，没有必要再多招一个了。"父亲说："可我为您找的这个人是比尔·盖茨的女婿！"银行总裁听了后想了想，能做比

尔·盖茨的女婿一定很有能力，于是同意了这位父亲的要求。于是，这位穷父亲的儿子既顺利地做了比尔·盖茨的女婿，也当上了世界银行副总裁!

在这个杜撰的故事中，穷父亲之所以能够与儿子、与盖茨、与世界银行总裁分别进行了三次谈判，都是通过满足了对方的需求而创造出了谈判的目的。

2.谈判的自愿性。只有双方都有谈判的愿望，谈判才有可能顺利进行。如果一方强求另一方坐到谈判桌边来谈判，其结果大都是中途夭折。有时候，谈判的一方由于某种原因而被迫无奈坐到谈判桌边来，一旦迫使他们谈判的原因有所缓解，就会单方面地破坏谈判。根据国际社会的观察，朝鲜的核爆实验，就是强迫美国回到谈判桌边来的一种策略。

只有自愿的谈判，才是有诚意的谈判。没有诚意的谈判有两种可能性，一种是由于某种原因被迫无奈地参加谈判，一种是想通过谈判来拖延时间，最终压倒对手。

没有诚意的谈判在商业谈判中也常常作为一种战术来运用。谈判的一方的本意并非想如何进行谈判，他只想把和你进行谈判这一事实作为一个筹码来要挟第三方。他的本意是想和第三方进行谈判。因此，一旦第三方对他作出了某种让步，那么你和他的谈判就会立即破裂。

3.谈判的灵活性。谈判是一个动态过程，外部事件和谈判主体内心世界的变化是瞬息万变的。因此，在整个谈判过程中必须掌握灵活性的原则。也就是说，就是谈判艺术、谈判方法和谈判结果都应具有灵活性，切不可教条主义地照搬照用。

以对谈判结果的灵活性为例。我方的条件是价格只能到此为止，不能再降了。对方的条件是必须再降5%。这样就谈判无果了。假如这时我方能灵活地提出：如果降价5%的话，对方必须支付现金。那争取谈判结果的希望就又有转机了。

◎ 一次完整的谈判，有四个阶段

一次完整的谈判过程一般是遵循下列程序展开的：谈判准备、谈判开局、谈判磋商和谈判终结。

谈判准备阶段是谈判过程的第一阶段。在这一阶段中，谈判各方尚未进行正式的接触，他们各自在为将要开始的谈判做一些准备工作，以求在谈判中做到有备无患。谈判的准备工作包括：寻找谈判对手、搜集谈判信息、组建谈判队伍、制订谈判计划等。一般来讲，谈判的准备工作做得越充分，谈判的效果就越好。同时，在谈判的准备阶段，谈判的各方要就谈判的时间、地点等问题进行简单磋商，以为下一步正式接触打好基础。

谈判开局阶段是谈判双方正式接触，就谈判的非实质性内容进行交谈的过程。在谈判开局阶段中，谈判各方依照既定的谈判计划，逐步向谈判对方展示己方的要求、意图及其他一些信息并根据谈判对方传递的信息推测对方的实力和特点，为下一步讨价还价做好准备。在开局阶段，谈判各方刚刚开始接触，彼此对对方的实力和特点还不太了解，所以传达信息和搜集信息是这一阶段的主要行为。在这一阶段，谈判各方还不会对交易的一些实质性的、具体的问题进行接触。在有些情况下，谈判各方会在开局阶段对谈判议题，即对“先谈什么，后谈什么”进行磋商。

谈判磋商阶段是继谈判开局之后进入的讨价还价的谈判阶段。由于在准备阶段和开局阶段，谈判各方都对谈判对手有了一定程度的了解，所以，在这一阶段，谈判各方可以根据自己所获得的信息来与谈判对手就交易的各项条件进行磋商。磋商过程是谈判各方不断冲突与较量的过程。在这一过程中，谈判各方将经过讨价、还价、妥协及让步，试图向达成一致意见的方向过渡。所以，磋商阶段对谈判技巧有很高的要求。磋商阶段是对各种谈判信息的一个充分展示与运用的过程。

在经过讨价还价阶段的较量之后，谈判的利益分歧越来越小，谈判各方就交易项目的各项条款逐渐形成一致意见，谈判过程将进入结束阶段。谈判终结，即是一项交易谈判的结束。在谈判终结阶段，谈判各方当事人经过磋商谈判的内容及结果要以一定的法律形式确认并固定下来，为将来各方在交易过程中合理处理相互关系提供可靠的依据。由此，谈判各方要在这一阶段签订合同。该合同具有一定的法律效力，对谈判各方在今后的交易合作中的行为有一定的约束力。签订合同是谈判过程全部结束的标志，同时，它也预示着交易合作过程的开始。

以上是完整的谈判过程的四个阶段。在现实中，由于环境条件、利益关系以及其他一些因素的作用与影响，谈判各方有可能不会就交易的各项条件形成较为一致的意见。在这种情况下，谈判过程只会进行三个阶段，谈判在讨价还价阶段就结束了。这样的谈判是以谈判中止，即谈判暂时终结或谈判破裂而告终，谈判各方没有就议题的解决达成共识或形成合作。

◎ 何时追求自身利益最大化，何时追求双赢

杰克的汽车被撞坏了，他的车上了保险，可以得到赔偿。以下是调查员检查过毁坏的汽车后与杰克的对话。

调查员说：“杰克先生，经过我们的调查，根据保险单的条款，您可以得到2000美元的赔偿。”

杰克说：“调查员先生，这个数字是怎么算出来的呢？”

调查员说：“我们是根据您这部车的现有价值得出的价

格。”

“这一点我知道，但我还是不明白这个数字是怎么得到的。像这样的二手车，您知道现在要花多少钱才能买到吗？”杰克问道。

调查员说：“您想要多少钱？”

杰克说：“我只是想按照保单得到应得的赔偿，我找到类似的二手车，价格是2500元，加上营业税和货物税后大约是3000元。”

“这太多了。”调查员表现出惊讶。

杰克说：“我只是想得到应得的钱，这样我才能买到和这辆车等价值的车，这样不公平吗？”

“我只能付给您2600元，这是最高的价格了，公司是这样规定的。”调查员装出一副无奈的样子。

杰克说：“我还是不能确定这个数字是否公平。”

调查员说：“今天我看到一个二手车的广告，和您的车情况差不多，售价是2550元。”

“哦，差不多。上面有没有提到行车公里数？”杰克问。

调查员说：“43000公里。”

杰克说：“可我的车只跑了21000公里。您认为这点差距还能加多少钱？”

调查员想了一会儿说：“我想大概100美元吧！”

“那就是2700美元了。广告提到过这个车有冷气吗？”杰克问。

调查员说：“没有冷气。”

“车上的冷气机值多少钱？”杰克问。

调查员说：“110美元。”

杰克说：“那有收音机吗？”

……

一个多小时后，杰克得到了3200美元的赔款。

与保险公司的谈判不同于和其他公司的谈判，这是一个争夺利益的过程，并不需要考虑这次的谈判对今后再合作有没有影响，因此不需要做出让步。这是一个单赢谈判的例子。

谈判前要首先搞清楚与对方的关系，是合作还是单纯取利？这次是单纯取利，下次还有没有可能合作？可能合作的话，会以什么方式呢？合作的方式会不会因为这次谈判的利益分配而有所变化？单赢的结果到底会产生多大的影响？等等。

谈判是一个交流的过程，更是一个较量的过程，赢，是每一个进入谈判情景的公司和个人的目标，但是这一次谈判不能被孤立地看待。比如，两公司是长期的合作伙伴，某一次谈判，项目将获利颇多，双方都想争得更多的利益，于是争论不休，这样下去将只会有两种结果，要么一方大获全胜，一方惨败而归，要么谈判破裂。换一种角度，换一种心态想想，合作是长期的，为了一次合作中的利益，牺牲双方的关系，放弃将来合作，值得吗？这是一个双赢的谈判，单赢的想法只会坏事。

假设你是某公司的谈判代表，由于与你公司合作多年的另一公司在上一个项目中的疏忽，给你公司造成了巨大的损失。这次你去谈判的要点是赔偿金额，应该怎样处理这次谈判呢？

答案是：赔款是一定要的，但将来还会有合作，不宜把这次谈判定位为单纯的单赢谈判。对方如果深知是自己的错，并在谈判中提出了赔偿的具体金额，你最好站在一个合作者和朋友的立场上，不要站在被害者的角度。

你去商店买东西时，与售货员讨价还价当中，有没有双方不欢而散，对方怎么都不肯卖的时候呢？出现这样的情况是为什么？

原因是你出的价格可能已经低于对方的底线了，让对方无法接受，谈判破裂是很自然的事。单赢的谈判也有“度”的把握，只能在对方可以承受的范围内，将自己的利益最大化。

◎ 和别人谈判之前，先学会和自己谈

和自己谈判？这个提议是不是有点疯狂？

国际著名谈判与沟通专家艾莉卡·爱瑞儿·福克斯，在她

的谈判课程上，她让每个学员都体验“自己与自己谈判”。

例如“停车位的收费超过了预计，是大吵大闹地理论一番，还是默不作声地给钱了事？”就这个议题，自己与自己谈判。

与自己谈判时，你会听到内心世界各种不同的声音，它们都在争先恐后地发言，艾莉卡将这每一个声音都定义为一个谈判者——你自己内心的谈判者，他们彼此之间时而友好，时而充满敌意，谈判风格迥异，表达方式也千差万别。

如果你不能和自己心中的谈判者达成共识，这些争论就一直持续着——几天甚至几周、几个月——所有相互矛盾的内部声音让你彻底无法做出正确的选择，也没法采取有效的措施，甚至连觉都睡不好了。

不得不说艾莉卡的课程非常有趣，而且能让受训者体会到心理相容的挑战、好处与方法。

心理相容是指群体成员在心理与行为上的彼此协调一致。它以群体共同活动为中介。中介水平不同，心理相容的层次、水平也不一样，低层次的心理相容不是以共同活动为中介，而只是受个人彼此的情绪、好恶所制约的；高层次的心理相容则是建立在共同活动的意义与目的的基础之上。因此，它是以成员彼此对共同活动的动机与价值观的一致为前提的。

谈判中的各方主体，看上去各自都在为自己争取更多，但实质上是一个群体合作的行为。心理相容对提高谈判活动的效率有巨大作用，它是群体共同活动——谈判——顺利进行的重要的社会心理条件。

建立双方心理相容的合作氛围旨在为谈判创造条件，是健康谈判的心理基础。鉴于不同性质谈判的不同规范及谈判者素质的差异，考虑到不同国家谈判者的文化价值观上的差别，专家认为谈判的心理相容原则应是：

1.对事不对人。无论是冲突谈判，还是外交谈判，谈判者所追求的是谈判目标，而不要将谈判对手视为敌人，从而促使对方产生敌对情绪，给自己制造谈判障碍。

2.站在对方立场上考虑双方的谈判动机，提出谈判计划及合作程序。在允许的情况下，谈判双方可尽可能地交换信息，对谈判中的困难共同分析加以克服，使双方成为积极的合作者。

3.不要为对手的消极情绪做出情绪反应。情绪是一种心理能量，它是推动人产生各种行为的动力。任何一位谈判者都是一个社会人，谈判者的情绪受复杂的社会因素支配。谈判对手产生消极情绪或敌对情绪的原因是多方面的。为此，谈判者的注意力不应放在如何采用方法抗衡对方的情绪冲击；而应采用疏导的方法，使其消极情绪转化为积极情绪，减弱对方的敌对情绪。旨在使对方的消极情绪平息，不影响双方确定的谈判议程，用理智战胜情绪。

4.针对利益而非立场。谈判不是为了完全改变双方的政治立场，而是为了调节利益关系。谈判双方既有共同利益，也有冲突性利益。寻求共同点，谋求双方共同利益方可改善谈判气氛，推动谈判的顺利进行。

谈判者双方对某一问题的认识在达到一致之前是一个过渡过程。因此，谈判者应积极开展有利于心理相容的一切活动，调节对手的认识与态度，使之早日达到思想认同、观点共鸣。

建立双方心理相容的合作气氛不仅是谈判初期的工作，而且是贯穿于整个谈判活动始终的一项系统性的工作。这一谈判原则的应用，是全方位的，多层次的，故需灵活应用才会有奇效。

CHAPTER 2

培养自己，拥有胜过对手的力量

在人际交往中，每个人都希望自己是更有控制力和影响力的人。在谈判中，更有这种力量的一方往往会迫使对手做出更多的让步。如果你渴望操纵和影响别人而又不被其操纵和影响的话，你就应该知道如何使用一些具体的方法来形成这种力量——能够影响别人的能力。

“争取更多”的关键是：针对每一具体情景选择适当的谈判技巧、懂得随机应变、更深入地了解对方。

——世界一流谈判专家　斯图尔特·戴蒙德

◎ 奖赏性力量

如果对方渴望得到的东西，就在你的手上，那么你在谈判中就拥有了强大的“奖赏性”影响力。

在普通的劳资谈判中，老板掌握着员工渴望得到的奖金、职位、福利等，就能够迫使员工做出更多的让步；而在“猎头型”谈判时（老板希望从竞争对手哪里挖到优秀人才），被“猎”的一方拥有老板渴望得到的才能、资源、技术等，则也能迫使老板做出更多让步。

换句话说，你对某物越渴望，就意味着你给予对方的“奖赏性影响力”越大。

有商家来采购商品，一开口就说：“我们的采购量很大。”这对很对厂家来说，都是无形的诱惑，而这句话正是对方拼命压低价格的前奏。

如果厂家的销售人员是经验老到的谈判高手，会这样回答：“你们采购量有多少，要得急不急？我们可没有太多的存货哦。”这就在无形之中，探听了对方采购量的虚实，并且把对方试图施展的“奖赏性力量”给挡了回去！

在商务谈判中，订单、付款时间、质量、交工周期、服务、赠品、免费送货、折扣等都可以形成“奖赏性”影响力。而在日常生活中，赞美、礼物、友谊、爱、陪伴、期望等，也可以是这种力量的来源。

汽车推销员乔·吉拉德，在每次谈判之前，都在纸上列出可以奖赏谈判对手的3个理由，例如赠品、折扣、交货时间等，有时他还写这样一条：他们可以得到我。这一条源于他对自己业务能力和专业素养的自信。

◎ 强制性力量

如果你能够让对方感到害怕、遭受损失、接受惩罚，那么你在谈判中就拥有了“强制性”影响力，从而让对手做出更多的让步。

想一想黑道上的人，是怎样收保护费的吧！他们首先是搞坏当地的治安，让小商家们人人自危，然后他们站出来和小商家们谈判——你给我钱，我给你安全。

强制性力量源自人们的“恐惧”心理，如果你能合法地让对方“恐惧”，你就能形成这种力量。

例如谈判中的“最后通牒”，就往往能给对方造成“恐惧”——如果不答应这个最后的条件，就再也没有谈判的机会了。

美国的沃尔玛在开连锁店的时候，把这种力量运用得出神入化。“店址”对传统零售业是至关重要的，而一个市镇最好的店址往往早就被人开店了。沃尔玛进入这个地方后，首先是和原来的店主谈判，希望能买下来。据说沃尔玛的谈判代表事先会说明，他们最多只会报三次价。真遇到第三次报价还不愿卖的店主，沃尔玛就在附近新开一家店，然后持续低价销售，直到把原来的店击垮为止。这种策略为沃尔玛带来了无数的官司和“价格屠夫”的恶名，但是这种“恶名”也增加了沃尔玛在零售业的“强制性”力量，为它下一次谈判争取了迫使对方让步的筹码。

◎ 合法性力量

你让小孩把没有记住的生字再复习一遍，小孩说：“老师今天没有布置这道作业。”这时，小孩在向你展示的就是“合法性力量”。如果你之前没有赢得给他布置作业的权力的话，他的这一“合法性力量”将使你哑口无言、无可奈何。

合法性力量，可以来自政府颁布的法令，例如《消费者权益保护法》《物权法》，也可以来自合同约定、规章制度、惯例、权限、固定流程、习惯等。例如某谈判代表说：“你的这个要求，我没有权力做决定”“你的这个要求，我们在合同中并没有约定”“满足你的要求，我们公司从无此惯例”，这时他就在使用合法性力量，想迫使你收回要求或者改变主意。

如果你能宣称你的公司历史悠久、规模最大、市场占有率第一、效率最高等，你也能拥有一定程度的合法性影响力。因为这些成就背后，人们会自然而然地认为你拥有某方面的影响力是“合法的”。

当当商城的股票在美国资本市场上市的时候，大部分投资者都对这家来自中国的电子商务企业一无所知，自然不愿意出高价承销其股票。当当的创始人李国庆说：“大家都知道亚马逊是美国最好的网上零售企业，我们当当商城就是中国的亚马逊，我们在中国销售图书的业绩超过了亚马逊的中国公司。”经过这样一番介绍，投资者立即觉得当当的股价定得有一定道理。

任何有头衔的人都有合法性影响力。对于任何人来说，一位市长、副总裁、央视记者、教授、大医院的医生或博士，都会比那些没有任何头衔的人更有影响力。当然，如果我们能获得这些头衔，那我们也就同时获得了与该头衔相伴随的合法力。

在进行谈判时，对对方的头衔应该持有这样的态度：（1）有些头衔并不能说明任何问题；（2）有些头衔并没有什么价值；（3）谈判就是谈判，千万不要受头衔的影响。

◎ 敬畏性力量

《西游记》中，唐僧的三个徒弟，都曾对去西天取经有过动摇，唯独唐僧不改初心，坚定不移地一路向西。唐僧对三个徒弟施展的就是“敬畏性影响力”。

有自己的一套价值观，并能持之以恒地去践行和坚守，这个人就能让周围的人感到敬畏，并接受他的这一影响力。

董明珠在管理格力电器的时候，曾经有一条原则是“先款后货”，不收到货款不发货。刚开始的时候，还有某些区域的经销商希望在这个问题上讨价还价。后来发现董明珠真的是说到做到、毫不留情时，只好乖乖接受。这就是敬畏性力量。

一旦你做了一项决定，就一定要坚持下去，因为在这种情况下对你来说唯一真正重要的事情就是保持你的敬畏力。台湾出版商在中国大陆就建立了这种基于敬畏的影响力。他们在购买大陆版权的时候，版税支付条件往往压得很低，但是很多人还是愿意接受他们的条件，因为他们在结算版税时非常讲信用，印了多少就支付多少，几乎没有听到过隐瞒印数的情况。这种信用，让他们赢得了敬畏性影响力，可以在谈判中迫使大陆版权商接受他们的条件。

大多数人都喜欢那些有原则、有操守、能够保持一致的客户。他们也希望你能够做到这一点。如果你愿意坚持自己的原则，尤其是当你可能会因此而遭受经济损失时，你就可以因此得到别人的信任，他们会非常喜欢你的这种做法。

如果你确立原则后又打破原则，或者为了眼前的这笔交易而做出自己本来不愿意做的事情，那么从长远来看，你无疑是在摧毁自己在对方心中的敬畏力。

当你意识到你的对手在用“敬畏性力量”对付你时，你可以在保持敬畏的情况下与对方继续周旋，也可以摆脱这种力量的影响，例如你可以这样来化解：

你告诉对方：“虽然你们告诉我一向都是如此，从来没有例外过。但据我所知，确实出现过例外。”如果你能够指出确实有例外，对方的敬畏力就土崩瓦解了。

你告诉对方：“我对你们的原则非常尊敬，但它并不适用我们今天谈的议题。”如果你能指出哪些地方不适用，你就成功了。

你告诉对方：“虽然你们的原则曾经非常有效，但如今它已经行不通了。”一直坚守的原则会随形势的改变而改变，如果你能指出需要改变的地方，你就成功了。

◎ 感召性力量

我们不得不承认，有一些人、一些团队和组织，就是极其具有个性魅力的，他们如同一个磁场，吸引人靠近。在个性魅力基础上形成的影响力就是感召性力量。

某个星期五的晚上，当时非常优秀的程序设计员布鲁斯·霍恩接到了乔布斯的电话："布鲁斯，我是乔布斯，你觉得苹果怎样？"

"非常棒！但是很抱歉，我已经接受了其他公司的工作。"布鲁斯回答道。

"别管它！明早你来我们公司，我们有很多东西给你看。就在早上九点，你一定要来！"

当时，布鲁斯刚刚接受了另一家公司的聘请，所以他并未认真对待乔布斯的邀请。他心里想的是：乔布斯或许只是心血来潮，但我应该去一趟苹果公司，应付一下，然后坚定地告诉他，我不能毁约。

但是，第二天乔布斯的表现彻底改变了布鲁斯的初衷。乔布斯召集了麦金塔电脑小组的每个人，包括安迪、罗德·霍尔特、杰里·默罗克以及其他软件工程师。在乔布斯的带领下，他们进行了整整两天的演示，将各种不同设计的绘图以及市场营销计划展示在布鲁斯眼前。布鲁斯彻彻底底被征服了。因为，这些计划让布鲁斯非常感兴趣，他从中看到了自己梦寐以求的未来。星期一一大早，布鲁斯就打电话给之前他想去的那家公司说他改变主意了。

如果你遇到乔布斯这样的人，是不是也会改变自己的主意？

有些人非常善于发挥自己的感召性影响力。在遇到这些人时，你可能会因为自己很喜欢对方而不知不觉地拱手让出自己的利益。所以你每当感觉好想受到对方的吸引时，一定要记得停下来想一想："如果我无法抵抗这个人的魅力的话，我是否会作出一些不应有的让步？"

◎ 综合性的能力

除了上述五种影响力之外，成为谈判高手，还要从以下几个方面培养自己的能力。

1.合理的知识结构。谈判的过程实际上就是双方知识和能力的较量过程。在谈判中涉及的知识领域极其广泛，如经济、法律、金融、营销、物流、财务、心理、公关等学科的知识都十分重要。在某些产品和技术的贸易谈判中，还需要有专门的技术知识。对手一旦发现你是一个"专业人士""行家"，漫天要价的底气立马就矮了半截。

2.洞察能力。敏锐的洞察力是其他能力诸如分析力、判断力、想象力和预见力的基础。具有洞察力，才能有准备、详细地观察谈判形势的细微变化，捕捉到有价值的大量的谈判信息；才能迅速掌握谈判对手的真实意图，根据掌握的信息和对方当场的言谈举止加以分析综合，作出合理判断；才能依据交易双方的经济实力在双方交锋的谈判桌上灵活多变；才能根据谈判的内外环境和主客观条件正确判断谈判的发展趋势。

3.预见与核算能力。谈判的出发点和归宿都是经济利益，整个谈判的进程实际上是利益的不断核算、调整的过程。因此，要有一定的财会知识和核算能力，熟练掌握有关产品的各项经济指标，如成本、进销差价、费用水平、资金周转率等，能够在各种方案的商谈中，胸中始终有自己的底线，可以进退自如。在核算其经济利益时，不仅着眼于眼前利益，而且应着眼于长远的最大利益，显示其气度和风格；他们不是孤立地“闭门算账”，而是把经济的核算与企业面临的市场情况紧密结合起来；如果产品质量确属上乘，在消费者心目中已享有较高声誉，则在谈判中对价格不作轻易退让；而当市场竞争激烈，价格战频频发生，则为扩大市场份额，尽量争取较多客户，应舍得在价格上作出必要的让步，以退为进。

4.分析判断与灵活应变能力。要密切关注对市场可能发生的变化趋势作出正确的分析判断，从而应用于谈判的实践中。事实证明，当某种商品或服务的市场尚处于若明若暗的形势下，首先能作出正确分析判断的人，就能掌握主动权，赢得更大的利益。同时，要通过与对方的接触，透过各种现象，包括对手运用的夸大、假象、声东击西等手法，能迅速准确地分析其经营规模、资金情况、购销形势、管理水平和信誉状况，以及对手的知识、阅历、性格、气质、爱好、特点等做到心中有数，这对顺利应付各种突发事件,驾驭谈判进程大有益处。

5.决策能力。要能依据谈判形势的变化，抓住时机，果断地作出正确决策。一个人决策能力的高低与其自信心等有直接的关系。自信心强，处理问题迅速、果断。敢于冒险的人，决策能力相对较强；反之，则较弱。决策过程持续的时间长短也能反映人的决策能力的差别。一般来讲，行为谨慎的人决策可能费时较长，甚至反复考虑 斟酌，但一旦拍板定案，则义无反顾、坚持执行。决策能力较差的人，决策时间也比较长，老是犹豫反复，拿不准主意。决策能力的强弱，还要根据决策结果和决策所考虑的内容去分析。当一个人决定做某件事或不做某件事，事实证明他经常是对的，那么他的决策能力就相对较强。

6.语言能力。能够用准确、规范的语言陈述立场和观点，提供消息，交流感情，说服对方，这是最起码的语言表达要求。一个优秀的谈判者，要像语言大师那样精通语言，通过语言的感染力强化谈判的艺术效果。如果说话含混不清、吐字不准、措辞不当，或者语无伦次、词不达意、逻辑混乱，就会影响谈判人员相互之间的沟通和交流，也是谈判人员讲话的大忌。语言表达能力差，不仅不能很好地阐述自己的观点、要求，也不能很好地说服对方，甚至会引起对方的反感，会被认为是拙劣的谈判者。在许多情况下，谈判的障碍都是由语言障碍造成的。

7.心理承受能力。谈判是语言的交锋。按说，谈判是对事不对人。然而，这种语言的交锋中，对手由于急躁或有意为难等原因，常常把谈判由对事不对人引申为对事又对人，这时，良好的心理承受能力就发挥了作用。谈判中如果出现了困境或令人焦虑的事情，如谈判对手面红耳赤之时，如果己方亦满腹牢骚、激动异常，很容易导致谈判破裂。此时不妨忍耐一下，来个冷处理，让对方先发泄一番，效果也许会好得多。当然，良好的心理承受能力并不是一味地迁就，这是一种韧性的战斗，是一种有理、有利、有节的反击。

◎ 处变不惊的心态

一天傍晚，保罗独自走在回家的路上，走过一个路灯昏黄、很少有人经过的小巷时，一个壮汉突然走到他面前，用刀子威胁道："把钱包拿出来！"

歹徒的突然出现，让保罗惊出一身汗，但他马上平静下来，掏出钱包扔到地上，装出慌张的声音，并捂着手表说：

“你拿去吧！”壮汉见状抢下保罗的手表，逃跑了！

其实，保罗的手表只是个便宜的冒牌货，钱包里却有很多钱和卡。突然的变故，没有让保罗不知所措，反而让他急中生智，将损失减到了最低。

保罗遇到歹徒是一次“小小的谈判”，是一场必须要付出代价的“谈判”，要么是钱包，要么是手表，还可能是生命。保罗处变不惊的心态，让他在突然的变化面前能冷静思考，从而智取，在最危险的情况下，把损失降到最低。如果太过紧张，惊吓过度，损失的就是钱包；可如果与对方硬碰硬，很可能会出现生命危险。

作为造成突然变化的一方——歹徒，他想要得到最大利益，但却害怕有人看到他抢劫，所以要以最快的速度完成抢劫，而看到保罗捂住手表，本能地认为：人在这时一定都被吓坏了，做出的举动一定是最真实的，钱包里没有什么，手表才是最值钱的！保罗故意捂住手表，故意显出一副惊慌的样子，这些都只是给歹徒看的假象，目的是让他做出错误的判断，隐藏自己真实的心态，误以为钱包中没有什么而放弃钱包，选择他认为值钱的手表。其实，保罗自己真实的心态并没有惊慌，这样突如其来的变化，给他带来的是急中生智而不是慌乱无措。

急中生智，不是每个人都能做到的，只有遇事不慌张，心里平静，才能在事情发生突然变化时想到解决之法。

能做到处变不惊的人不多，在谈判不利于己方时，不妨给对手制造一些突然的变化，让他无所适从，再从中找到逆转形势的方法，让谈判按照自己的意愿进行。

（一）谈判情况发生突然变化时，即使心里紧张，也努力不要在脸上表现出来，让对方猜不到你的真实心理变化。做好表面的功夫，应对对方谈判人员制造的变化，能使自己的队员平静，不至于全体惊慌，有利于想到解决的方法。

（二）当变化来临时，把心思集中在解决问题上，不要想这个变化带来的问题如果解决不了而引发的后果，平静自己的心态，努力从变化本身找到突破口。

（三）平时多观察有丰富谈判经验的人，看看他们遇到变化时的反应，并多向他们请教，这时应如何调整心态。听了他们的经验后也要结合自己自身的情况，找到适合于自己的调节方法，才能在真实的谈判中，做到处变不惊。

◎ 不卑不亢的气质

可能很多人都看过前段时间上映的电影《东京审判》，除了对日本战犯无耻的行径感到气愤外，梅汝璈法官不卑不亢的气质相信也给大家留下了深刻的印象。

当第二次世界大战刚刚结束时，为审判日本在二战时犯下的暴行，中国、美国、英国、苏联四国设立了国际军事法庭。中国方面派出了梅汝璈法官作为代表。

美国、中国、英国、苏联、加拿大、法国、新西兰、荷兰、印度、菲律宾十国的法官，组成了远东国际法庭，澳大利亚的韦伯法官担任庭长。

法庭遇到的第一个问题是审判时座位的排列。庭长居中，美国法官坐第一把交椅，这是大家都默认的，可是第二把交椅谁坐呢？这不仅仅是座次的问题，更是体现各国在审判中地位的问题。代表中国的梅汝璈法官表示，如果论个人的座次，他并不在意，但是这次是代表国家，座次的排列应该按照日本投降时各受降国的签字顺序排列才最合适，而且中国是受日本侵害最严重的国家，也是抗战时间最久、付出代价最大的国家，所以，中国理应排在第二的位置上。各国的争论结束后，作为庭长的澳大利亚韦伯法官并没有做出表态。

开庭前一天预演时，庭长宣布，入场顺序为美、英、中、苏……听到这样的消息，梅汝璈法官脱去黑色法袍，对此表示抗议，并拒绝“彩排”。

由于当天的预演有很多记者和电影摄影师在场，所以，梅汝璈法官认为，如果他按照庭长宣布的座次出场，第二天照片见报，这便成为事实。梅汝璈法官请求对他的建议进行表决，否则，他无法进行审判，只有回国向政府辞职。在梅汝璈法官的坚持下，韦伯庭长召集各国法官进行表决，并最终通过梅汝璈法官的建议，出场顺序改为美、中、英、苏……

在《东京审判》这部电影中，梅汝璈法官不卑不亢的气质让所有国人都感到骄傲。当时的中国，刚刚结束抗日战争，百废待兴，国力与其他国家尤其是帝国主义国家相比，相差很多。在其他国家看来，中国只是一个落后的、备受欺凌的国家而已，与其他发达国家的代表在一起，难免要受到不公的待遇。梅汝璈法官作为中国的代表，没有对他们不合理要求逆来顺受，而是要求公平的待遇，不在他们面前低人一等，他脱下法袍不是在威胁谁，而是在表明并坚持自己的立场和态度，为了所有被日本人欺辱过的中国人，也为了中国在国际上的形象。

在对手地位高于自己，或者对手强于自己时，不卑不亢的谈判态度就非常重要。在这个过程中，“度”的把握是精髓。

谈判时，将“不卑不亢”做到恰到好处不容易，要首先了解自己的优势在哪里，再了解对方的优势，切忌在双方争辩时将“不卑不亢”转化为“对抗”。

当自己是占优势的一方时，对方参与谈判的代表如果是一位具备不卑不亢气质的人，那你一定要显示出对他的尊重，因为这样的人都是修养很好的人。如果你很无礼、蛮横的话，并不能显示出你高人一等的地位，而只是将你缺乏修养的一面展现了出来。

◎ 有利于谈判的习惯

某公司要购买一整套生产线，老总决定让平时默默无闻的陶经理作为主谈。其他想借此机会在老总面前表现的经理都十分不服，他们认为陶经理缺乏激情，业绩也一般，不具备作为这次谈判主要人物的资格。老总笑笑说：“这次谈判细节问题很多，老陶去最合适。”其他人也不好再说什么，便按照老总的安排开始准备这次谈判。

几天后，谈判开始，对方公司首先对自己公司生产的设备从性能到用途逐一进行介绍，然后又将每一款的报价报出，共用了一个多小时。整个过程陶经理用心做着笔记，而其他人早已听得不耐烦。对方的介绍结束后，陶经理开始发言：“根据贵公司刚才的介绍，我认为有两款设备的价格和用途对我公司不太合适，你们还有没有可以替换的设备，可供我们再选择一下？”

对方没有想到陶经理这样认真，所提到的设备只是这整套生产线很不起眼的部分，他们本打算将这两个设备换为价格稍高、功能更多的产品，但没想到这被陶经理看穿了。

“我们还有价格稍低、功能较少的一种类型。”对方只好承认。

“那么，也介绍一下吧！”陶经理要求。

对方又详细地将适合陶经理公司的设备进行了介绍，陶经理还是认真地做着笔记。等对方说完，他停了一会儿说：“我计算了一下，整套生产线的价格对于我们有些偏高，我们希望贵方能再给一些优惠。我觉得这几款设备的价格还可以再降一些。”

说着，陶经理把自己列出的单子递给对方，经过双方逐个对陶经理列出单子上的设备进行讨价还价，最终将总价定了下来。令大家吃惊的是，总价竟然比卖方的报价低了10%。之后，双方又对其他问题进行了磋商，最终签订了合同。

回到公司，大家都争着问老总，怎么知道派陶经理去一定会有好结果，老总说：“老陶有个习惯，就是对细节问题特别认真，这次谈判，要购进的设备较多，以他的习惯，一定不会让对方蒙混过关。”

例子中陶经理的最利于谈判的习惯就是注意细节，从细节入手。大篇幅的介绍难免会让听的人走神，而对方走神之时也是最好做些手脚之时。卖方公司用更贵的设备替换对买方更合适的设备，不注意听，根本不会注意到。如果每一款设备贵一点，加起来就会贵很多，如果从整体来砍价的话，较为困难，但从每一款设备入手的话，一款“砍”一点，加起来也不少呢！

陶经理并没有使用多么高超的谈判技巧，只是认认真真地将每一款机器的价格、功能搞清楚，做对比，从中发现与自己公司需要不吻合的，然后一个一个同对方砍价，最后得出自己公司希望的价格，让对方没有空子可以钻。认真、细心，这就是有利于谈判的习惯，也是有利于发现对方问题的习惯。派有这样习惯的人去参加类似的谈判，对手想从中做什么手脚都很难。

建议你从成功的谈判者或者谈判对手那里学习，看看他们有什么好的习惯，这些习惯中哪些是对谈判有利的，应用到自己身上是不是可以。如果你认为可以，那么，有意识地在平时的工作、生活中多做这件事，慢慢就会养成这些有利于谈判的习惯。也要在平时的谈判时多注意，什么样的习惯更有利于谈判，有意识地从失败的谈判中总结经验教训。

销售员比尔每个月的业绩都很好，很快就升为公司的销售经理。同行的乔治业绩一直不好，来到比尔这里取经。

“嗨！比尔，为什么我和你卖同样的产品，你的顾客那么多，我却总卖不出去呢？”乔治沮丧地问。

“乔治，我通常都是先和客户聊他们感兴趣的事情，聊的过程中，我都会趁机赞扬他们。刚开始，只是为了把产品卖出去，后来就成为一种习惯了，和谁聊天都会找到他们的优点，赞扬他们。”比尔回答。

“只是赞扬吗？这么简单？”乔治怀疑地问。

“当然。只要你坚持一段时间，成为习惯，客户就会很乐意和你聊天，也很乐意和你做生意。”

比尔的这个习惯为什么能打动顾客？

原因很简单，对别人真心地赞扬，是尊重对方的表现，也会使对方心情愉悦，使对方卸下心防，接受你的产品。当赞美别人成为习惯，这种受欢迎的品质就成为你修养的一部分。

◎ 有底线的道德

我国某公司从国外某公司购买商品，谈判在中国举行。双方共同了解了中国的市场后，坐到了谈判桌旁。

经过几天的谈判，双方初步确定了购买商品的种类、型号、数量、价格等意向，准备进入具体合同条款的谈判。这时，国外公司发生了“经济危机”，急需资金周转，我国该公司也得知了这一情况。如果我国公司的谈判代表选择降低价格，对方一定会同意，谈判就会从平等一下子变为对我方公司极为“有利”的情况。但是，我方公司的谈判代表没有选择降价，而是按照最初双方商定的价格，以最快的速度签订了合同，并将资金汇到了对方的账户。

国外公司谈判代表离开中国时，握住我方公司谈判代表的手，不停地说："谢谢！谢谢！"之后，对方公司的运营又转入了正轨，与我方公司的合作也大大加强了。

乘人之危可以在谈判中取得很多的利益。比如上面的例子，当对方的公司出现困难时，如果我方要降价，因为他们急需资金，为了公司能生存下去，一定会同意我方的价格。但是这样做不符合道德的要求，虽然在谈判中得到了大量的利益，却也成了一个十足的"奸商"。

在现实生活中，我们常会听到这样的话："那个人是个奸商，别和他做生意！""他可以称得上儒商，放心吧！和他合作肯定没错。"对于"奸商"和"儒商"，人们的态度为什么会出现这么大的差别呢？这就是道德底线的不同。

所谓道德底线，就是指一个人对自己道德的最低要求。有些人认为，只要我做的事情合法就一定符合道德，这是不全面的。法律与道德并不是完全的交集，有些事情合法，但在道德领域属于失德；还有些事情是符合道德标准的，但是却是违法的。作为一个成功的商人、一个成功的谈判高手，不仅要遵守法律，保证做的每一件事都不违法，还要有较高的道德底线，不触碰道德与法律的交集，不让自己赚来的钱或者取得的谈判胜利建立在失德的基础上。

道德底线是属于内心的，是自己对自己的要求，别人无法强加。随着一个人知识水平和道德修养的提高，其道德底线也随之提高，“君子有所为，有所不为”这句话，才能真正在他身上体现。

谈判时，不管面对多大的利益诱惑，都要把守住自己的道德底线，这是做人的标准，也是经商的标准。

与有道德底线的商人谈判，只需要关心合作方式、利益分配等问题，而不用担心对方会在背后害你。谈判前、寻找合作伙伴时，都应该先了解一下对方的道德底线，为可能出现的情况做准备。如果对方的道德底线很低，或者他根本就没有道德底线，那么，最好放弃和他做生意，因为这样的做人标准会使他做出任何事情。是否违法先不谈，与他合作怎么可能放心呢?

CHAPTER 3

谈判实战（一）：谈判的准备

如果你要参加一次谈判，要如何才能预知对方的策略并有效的应付？这不是一句两句话就能说清楚的事情。这是多项工作的综合。一次成功的谈判，谈判准备工作至关重要。

同一片土地，外行看到的是一马平川，坦荡无垠。而在行家眼里却是山峰林立，沟谷纵横。与外行相比，行家并未花费更多的时间和精力去搜集有关这片土地的更多的信息资料。二者的区别在于，行家能更好地利用那点信息去抓住更多的机会，或将风险降至最低。

——世界一流谈判专家　斯图尔特·戴蒙德

◎ 准备工作胜过谈判技巧

爱姆垂旅店是一家专门为18至25岁，患有精神分裂症，或者刚从吸毒的不幸经历中解脱出来的，需要帮助和指导的青年而设的。旅店位于波士顿郊外的一个工业城中，其隔壁是一家交通中转站，周围环境嘈杂。但是它的占地面积不小，还有一个一亩地的大庭院及一片美丽的榆树林。史蒂夫就是这家旅店的董事会成员之一。

由于旅店周围吵闹的环境，董事会曾经考虑将它搬迁到安静的地方，比如不鲁克莱恩市、梅德福市、奥尔斯顿市等，但是由于财务紧张，搬迁的计划搁置了。可是几个月后，一个名叫威尔逊的先生来到旅店，找到旅店经理彼得斯夫人，表示他的公司（一家建筑开发承包公司）愿意买下爱姆垂旅店。彼得斯夫人觉得很突然，心想董事会也没有公开说要搬迁或卖了旅店啊，一时不知道该如何回答。威尔逊就留下名片，并告诉她，如果可能的话，希望有机会继续商谈。

于是，董事会就派史蒂夫着手办理这件事。并授权说，只要价钱合适就可以卖了这家旅店，搬到其他地方。史蒂夫对于谈判是个外行，他找到一位谈判专家的朋友咨询有关事宜。

史蒂夫先给威尔逊打了个非正式的电话，又和他见了面，对威尔逊有了初步的印象。随后，对他商业上的往来进行了细致的调查，发现威尔逊是个很有信誉的合法商人。史蒂夫认为威尔逊想买爱姆垂旅店，很可能是要建一座公寓。于是，他并不急于和威尔逊谈判，而是做了充分的准备工作。

首先，史蒂夫要确定本方可以接受的最低价格。要卖了旅店，搬到其他地方，就得先看看要搬迁的地方的地价。在董事会曾经考虑过的那几个地方中，梅德福市的那块地可以用17.5万的价格买下来，而奥尔斯顿的那块地则要23.5万才能买下。考虑到搬迁费和装修费等，最终搬到梅德福市要22万，奥尔斯顿要27.5万。所以史蒂夫最后决定，他的保留价是22万，低于这个价格就免谈。而如果能够达到35万，则是最好不过的了。其后，史蒂夫又开始考虑威尔逊可能给出的最高价格。在询问了房产专家和土地承包商后，史蒂夫断定，威尔逊的保留价是在27.5万至47.5万之间。

做完了这些准备工作后，史蒂夫和他的朋友们一起讨论他应采取的谈判策略。他们觉得要邀请一位律师参加，以帮助史蒂夫在谈判中得到一些法律方面的建议。同时也要请爱姆垂旅店经理彼得斯夫人参加。因为彼得斯夫人最热爱爱姆垂，而且她富有同情心，还可以让她激发威尔逊的同情心。

随后要考虑的问题是：史蒂夫应该采取什么样的开局策略

呢？谁先报价？如果威尔逊坚持让史蒂夫报价，史蒂夫该怎么办？如果威尔逊先开价，史蒂夫该如何还价？史蒂夫觉得应该让威尔逊先报价，如果不成功，自己被迫先开价，则可以先报出一个高价，让对方感觉自己的报价太低了。

谈判的日子终于到了。双方先寒暄了一阵。接着威尔逊就说："请告诉我，你们能接受的最低条件是什么？"史蒂夫早就想到了这样的开场白，并没有直接回答，而是说："为什么不告诉我们，你能出的最高价格？好让我们看能否再削减点价格。"幸运的是，威尔逊被这个回答逗乐了，他最后报出他的开盘价格是12.5万。而且还讲了当地许多房地产买卖的实例作为他的证据，史蒂夫马上回答说爱姆垂店完全可以卖个更高的价钱，再说他们一点也不想搬迁。只有当他们能够搬到安静的地方，他们才会考虑搬，但是安静的地方地价一般都比较高。史蒂夫最后提出，只有售价60万，才可能抵消这次麻烦的搬迁。史蒂夫之所以出了这个价是因为他盘算着12.5万和60万的中间值，高于自己企盼的35万。威尔逊反驳说这个价格根本不能接受。于是，谈判陷入了暂时性的僵局，双方决定休会，再做进一步研究。

史蒂夫和他的朋友们商议，决定做一些让步，将价钱降到50万美元。一周后告诉威尔逊他的决定。可是，两天后，史蒂夫接到了威尔逊的电话，他告诉史蒂夫说，自己被彼得斯夫人的话感动，自己的良心受到了谴责，认为自己应该为社会的福利事业做点什么，决定把价格提到25万美元。史蒂夫有点忘乎所以，脱口而出他的第一个错误："现在这个价格比较接近了"。但是马上又意识到自己的错误，于是恢复镇静说，他会说服董事会把价格降低到47.5万美元。他们商定两天后再谈。

刚与威尔逊通完电话，史蒂夫就告诉了他的朋友，他没留神，让威尔逊知道了25万的报价就足够了，但史蒂夫觉得，他的47.5万也比较接近威尔逊的保留价。并且，这似乎是威尔逊提出再进行最后一轮谈判会谈的唯一原因。他们进一步商定了以后谈判的策略。

在随后的谈判中，双方各作了一些让步。威尔逊逐步将报价提高到29万，最后停留在30万上。而史蒂夫也把报价从47.5万降到42.5万，最后降到40万。威尔逊不肯再让步，坚持30万，史蒂夫只好又把价钱降到35万。威尔逊还是不同意，于是谈判再次中止。史蒂夫告诉威尔逊，他必须征求一下董事会的意见。

30万的价格早已突破了史蒂夫预先定下的22万的最低价，他们完全有可能买下奥尔斯顿的土地。那么威尔逊是否有可能再提高一些价格呢？朋友们对史蒂夫说，除非采取一些花招，否则威尔逊不大可能提高价钱了。让他们担心的是，如果威尔逊还在与其他人做着交易，一旦谈成，那么威尔逊很可能放弃爱姆垂的交易。

随后，史蒂夫做了两件事。首先，为了准备购买奥尔斯顿的那块地，他让自己的律师作了一份详细的报价单，结果将所以费用计算在内，买下那块地，并搬过去30万足够了。接着，史蒂夫又和彼得斯夫人商量，看她还有什么设备需要添置，彼得斯夫人很是高兴，侃侃而谈，描画着她理想的爱姆垂旅店，最后她希望获得35万美元。

第二天，史蒂夫给威尔逊打电话说，旅店对30万的报价存在不同意见。问威尔逊是否可以在多给点？或者能否帮助爱姆垂旅店做3万到4万的装修工作，这样就可以接受30万的价格。威尔逊回答说："很高兴，董事会能够接受他的30万的报价。但是他的公司从来不把自己卷入免费的装修工作中。很是抱歉。"

史蒂夫并不放弃，接着说："那好吧，如果您的公司能够给我们的旅店提供一些免费的赞助，用于救助急需的旅客，比如4万美元，我们也非常感谢。"

"哦，这个主意不错。不过4万是否有点多了。2万如何。"

"2万5"史蒂夫说。

"好，就2万5。"

结果，威尔逊的公司直接付给爱姆垂旅店32.5万美元，这样威尔逊既保全了面子又巧妙地突破了自己的价格极限。而爱姆垂旅店也满足了自己的全部需要。

案例中史蒂夫的谈判准备工作可谓细致入微，从最先与对手见面，了解其为人；到调查研究，商讨自己的谈判策略，用人计划；又站在对方的角度，考虑对手将可能做出的反应。在谈判前，又精心制定策略，争取让对方先报价，当谈判中途出现休会的时候，又及时修改自己的谈判策略，修正自己的报价。真是天衣无缝。在谈判的最后时刻，史蒂夫又凭借着自己的灵活机动和对威尔逊的了解，成功地耍了个小花招，不仅达到了提高价钱的目的，也保全了威尔逊的面子，让威尔逊无话可说。

对于史蒂夫这样一个外行来说，能够达到如此高的谈判境界着实不容易。其实，每个人都不是生来就会谈判，只要做了充分的准备，认真学习和分析，就一定能取得良好的效果。

◎ 为每次谈判，做最精心的准备

如何做好谈判的准备工作呢？

首先，搜集对方的一切资料。

在谈判的所有准备工作中，最重要的一个步骤就是对对手的研究。研究必须客观，除了客观的取得证据外，还要使自已成为汇集对手资料的中心数据库。积累的资料一定要具有高度的准确性。这些资料可以使你应付谈判中任何变化的状况。对于研究过程中所汇集的资料，必须依靠个人的能力以及经验加以适当的应用。对于对手过去的经验，尤其值得研究。他过去任职的机构、团体，每完成一项工作、合同，以及所有他曾经参与过的谈判。通常研究对手失败的原因比研究他成功的原因，更能看出对手的个性，如果能够仔细研究对手失败的原因，则很可能知道他的想法、以及他的心理倾向。而所有这些足可以告诉你他所需要的是什么，使你在对弈中立于不败之地。

其次，拟定详细的谈判计划。

一般而言，谈判的准备工作就是要研究制定一个简明而又富有弹性的谈判计划。谈判计划尽可能简洁，以便参与谈判的人员可以记住其中的内容，并把计划的主要内容和基本原则牢记在心中，进而能够得心应手的与对方周旋。谈判计划简洁并不是说要忽略具体，我们所说的简洁是指不用事无巨细的都列举出来，但是每个大的框架一定要有。计划还要富有弹性，是指谈判人员必须善于领会对方的意图，并根据谈判中随时可能出现的问题，作出灵活的反应。制订谈判计划一般可以分为以下几个步骤：第一，集中思考。集中思考的目的就是迅速地归纳谈判中可能出现的问题。同时整理自己的思路。集中思考不仅要思考己方在谈判中所要提出的想法和建议，更为重要的是要思考对手可能提出的问题和相应的解决之道。第二，确定谈判目标。即我们谈判的主导思想，我们所要达到的目的。第三，写出详细谈判计划，并仔细斟酌，最好谈判小组成员能够坐在一起讨论，不断完善自己的计划。

第三，谈判人员的选定。

谈判人员的选定对于谈判具有重要意义，什么人适合去谈判，什么人适合去帮助主谈做文件处理工作，什么人可以作副谈，需要多少人参加谈判，都是在谈判前需要考虑的问题。而这些问题的确定则需要根据谈判的重要性、谈判的困难程度，以及谈判时间的多寡来确定。

一般的谈判都需要多人一起参加，单独一人参加谈判会显得势单力薄。而团体谈判则要求谈判团成员必须服从统一指挥，不能自行其是，同时选择谈判人员时要切记不能选择那些工作能力相差太大的人，任何一个技术低劣的水手在同一条船上，都不会受到欢迎。

个人谈判和团体谈判有各自的优缺点，亦有需要注意的问题。对于团体谈判，除需要一个主谈外，还需设置多名辅助谈判者。而选择主谈和辅助者都是有一定技巧的。有的人为了给自己壮声势，往往喜欢让好多人都去参加谈判，而实际上真正能和对方交涉的人只有几个，其他人根本说不上话，只能傻傻地坐在座位上。这种做法实际上是不成熟的表现。而且一旦对方要求其中作陪衬的人员回答问题，往往会令其手足无措，给己方造成很尴尬的局面。事实上一个成功的谈判组织者，应该让每位参与谈判的人都负有义务，诸如让其中的某个人负责观察和倾听对方，以随时向主谈报告对方意图，了解对方的非语言信息，比较对方的长处和弱点。还需要让其中的某个人准备材料，以便主谈随时查阅……这样，参与谈判的每个人都可以在谈判中得到锻炼。通过谈判团中每个成员的共同努力以完成谈判的最终目的。这是合作的力量。团体谈判的好处在于可以充分利用不同的谈判技巧，纠正错误；事先可以集思广益，给对方一种威慑力。

个人谈判虽然显得势单力薄，但是也有好处。比如，可以避免对方针对较弱的成员提问，或者制造成员之间的分崩离析；个人谈判所管辖的只有自己一个人，免除了团体谈判中人多，不好统一管理的弊端。

在谈判前，是选择个人谈判还是选择团体谈判应根据具体情况作出选择。谈判环境、谈判方法、谈判条件都是需要考虑的因素。无论何时，参与谈判的个人或团体都需要获得其他团体的支持，同时这些人也要维护团体的利益。这就要求最高决策者对于即将来临的谈判，要做好充足的准备、协调工作。包括负责指导、制定谈判的目标、提供信息、协助参与谈判的人。而且在谈判过程中，要时刻注意谈判的进程，并作出进一步的指示。

第四，提前做一次实战演习。

这是在谈判准备工作的最后进行的一项工作，可以根据自己情况选择做或不做。要做一次成功的实战演习，需要你和你的手下充分配合。这要求你们必须全心投入到演习中，不仅要使用谈判中所要使用的词语，更重要的是要演练双方的面部表情、态度等。还要充分考虑好对方可能使用的言语和态度，争取在演练中发现新的问题，并对此做出相应的策略调整。

◎ 纵向收集信息法

依据谈判类型按照前面所述谈判信息分类的顺序来收集整理，或是按照不同领域谈判的一定顺序来收集整理。我们可以把这类方法称为谈判信息的“纵向收集法”。例如，在商业谈判中，关于谈判对手情况的信息收集可以按照如下顺序来进行：

1. 企业情况

包括地理位置、企业类型、资金规模、主要产品或服务、员工人数、组织结构、生产线和主要设备、推销手段、分配方法、发展计划、当前处境、竞争对手、企业战略等。

2. 购买程序

调查手段、决策程序和主要决策者、购买选择条件、价值分析、所喜欢的卖主或买主类型、购买时机、购买后的运输等。

3. 销售程序

销售决策、销售战略、销售机构与渠道、定价方法、折价比率、售后服务、销售状况、市场占有率、销售压力等。

4. 业务关系

与本方之外的其他客户、最主要的客户、客户的购买（或售出）数量与价格及其与本方的比较、这些客户在销售渠道的销售能力、市场信用等方面与本方的比较等。

5. 决策机构

购买或销售的决策层次、决策过程、决策方式、对业务部门和谈判者的授权、主持谈判者的权限等。

6. 主要决策者和谈判者

购买或销售的主要决策人、价格决定者、最后的批准者、技术评价者、具体执行者、谈判主持者及参加者的情况等。

7. 需要

一是对方企业对谈判结果的需要情况；二是谈判参加者的心理需要情况。

8. 临界价格

卖方要了解买方可以接受的最高价格，买方要了解卖方可以接受的最低价格。

9. 谈判时的主要想法和行为倾向

对于谈判的态度、赢得谈判的自信心、处理争议的习惯行为、能够容忍的压力限度、妥协的可能性等。

◎ 横向收集信息法

主要围绕谈判动态变化的诸多方面而分门别类地横向进行收集整理，我们称为“横向收集法”。其可以分为以下几方面：

1. 时间变化信息

谈判议题在时间轴上变化的状态，即议题的时效性变化、谈判时间延续性、时机性、瞬时性变化等。谈判中常见的拖延时间、限期、休会、巧用时机、最后通牒等状态的出现都属此类变化信息。

2. 空间变化信息

谈判地点、谈判双方距离远近、谈判场所布置、谈判实力地位、市场竞争情况、谈判权力、经济发展趋势以及在经济领域中的空间、结构与联系方式等方面的变化等。谈判中的针锋相对、场外交易、虚张声势、货比三家等情况的出现都是为了改变谈判中的空间位置。

3. 物质变化信息

物质利益常常是谈判的实质性内容，它的变化包括产品质量、包装、运输、保修条件、数量、技术标准、物质构成方式等。谈判中出现的吹毛求疵、化整为零（附加其他物质性条件）、凑整、附件单列、先尝后买、数量有限等情况就是属于物质变化信息。

4. 人员变化信息

人的素质、数量、性格、行为、谈判班子组成状况与人的心理状态变化等。谈判中途变换成员，运用权威，谈判升级等情况的出现就非常具体地表现了这类信息。谈判是由人所进行的，它的成败直接取决于人的行为能力。在谈判中人的心理行为以及性格变化等信息更是较为广泛而复杂的。

5. 需要变化信息

人的需要，无论是从群体还是个体的角度看都是多层次的。一般认为作为群体的谈判需要，可分为物质需要、价值需要、精神需要、时间需要和政治需要等。从个体角度看，又可分为生理需要、安全需要、社交需要、尊重的需要和自我实现的需要等（前面已有叙述）。谈判中出现的转移视线、吊胃口、投其所好、声东击西、引诱、抛砖引玉、制造紧张等手法的出现就属此类变化信息。

6. 价格变化信息

在市场经济条件下，人们经常要进行经济谈判，而价格则是经济谈判的核心。从某种意义上说，整个经济谈判的过程，就是讨价还价的过程。所谓价格变化信息包括卖价、买价、服务附加、价格解释、价格评价、支付、保险等方面的变化。谈判中的“狮子大开口”、慎重出价、抬价、竞买竞卖、煽动与让步等手法的出现，就是价格类变化信息的表现。

由于横向类信息往往是交叉发生的，并且时常带着种种伪装以掩饰自身的真实目的。因此，在以这种角度来收集信息时就要格外注意去伪存真，判明各种信息交叉的真实联系，这样才能保证由此采取相应的措施去应付谈判的局面。

◎ 搜集有关谈判对手的资料

为了在谈判开始后掌握主动权，还应该在准备阶段尽可能搜集谈判对手的资料，例如个人喜好、谈判风格等，并制定出相应的策略。

谈判风格可以划分为以下几种模式：

1. 强有力型模式

这种模式的特点表现在：

（1）谈判开始立场强硬。作为买主时，无论购买多么昂贵的商品，最初出价都很低，而且大都采用秘密出价方式以阻碍其他买方竞争。利用这个策略使卖方相信他们是唯一的买主。而作为卖主时，做法则相反，提出较高价格，敞开大门鼓动竞争，使许多买主彼此对立，怂恿买主竞相提价，以获取竞争之利。

（2）谈判代表权力有限。谈判前，最高权力中心仅赋予谈判代表以有限的权利，使他们在一定的范围和目标内有限地发挥作用。超出这个范围，谈判代表不能作任何答复，必须反复向上级请示，从而使谈判旷日持久，陷入僵局。

（3）情绪易激动，滥施压力。强硬型谈判者经常在适当的时候利用冲动的情绪侵犯对手，从而引起对方愤怒、思维混乱，甚至顺从退让，谈判时咄咄逼人，经常使用过激语言达到目的。

（4）不理期限，坚韧忍耐。这类谈判者不受谈判期限的制约，利用对方的急迫心理，采取停滞或拖延战术，坚持以较长时间去获取所需要的东西。在这段时间，他们至多做一些微小让步，使对手逐渐疲惫不堪。

2. 软弱型模式

和强硬型模式正好相反，软弱型模式的特点是：谈判开始立场谨慎，不提出过高要求，一般在常规范围内提出中等偏高的价格标准，绝不漫天要价。在对手的压力之下，不断做出或一次做出较大让步。在对手的强硬态度下，为避免谈判破裂，往往委曲求全，促成交易成功。

3. 合作型模式

它又被称为双方胜利和“皆大欢喜”型谈判模式。其特点是：谈判开始，双方立场均谨慎、现实，双方都尽量寻求适合各方谈判需要的不同谈判方式。双方在原则问题上首先达成协议，不排除细节问题上的争议。双方都把谈判过程看作是使双方调和或一致的过程。通过谈判，双方建立了一定的信任关系，为今后的进一步合作提供了条件。

通过各种途径掌握了对方的谈判作风，便可以制定相应的策略，促使谈判成功。对付强硬的谈判者，可以采取“以强制强”或“以柔克刚”的策略。如果对方急需己方产品，己方产品又很畅销，己方有较充裕的谈判时间，对方有强大的竞争对手，或摸清了对方底细，知道对方是虚张声势，那么就可采取“以强制强”的策略；如果急需对方产品且无其他货源可寻，谈判有较短的时间制约，需要将来与对方长期合作，或是适当让步可取得较好的经济效益，则可运用“以柔克刚”的策略。针对软弱型的谈判者，可以适当采取“以强制弱”的谈判原则；针对合作型谈判者，一般应当采取合作原则。在实际谈判中，要针对每次谈判的具体内容和各种不同的谈判模式，提出具体的策略、原则。

◎ 准备的过程中做充分的论证

某个英国矿产公司在非洲有一个附属公司，由于远离本土，所以该公司雇用了数千名黑人做工，而这数千人中，百分之八十都是黑人妇女。而且这些妇女都是来自边远的部落，她们离开家乡，到矿上做工，以图改变目前穷困的生活状况。黑人妇女们都很强健，工作效率很高。公司老板自然很高兴，认为自己没有来错，这些黑人的工资比起英国本土工人的工资要少得多，公司老板可以大赚一笔。

可是，好景不长，公司刚刚加入工会，工会就给他们提出一个要求，规定公司妇女的产假应该给四个月，并且妇女在产假期间要得到百分之七十五的工资。这对于公司来说可是个不小的损失。公司当然不会同意。可是如果公司不同意，这些黑人妇女就会离开公司，公司也就不能正常运作。一时间公司上层陷入了困境。最后，工会和公司商定择日进行谈判，以解决这一问题。

公司派出了专门负责谈判的工组小组进行了详细、周密的准备工作。工作小组经过调发现，非洲文化和法律中允许重婚现象，而且非洲人有强烈的养儿防老观念。因此，女工中享受这种福利的比率相当的高。这对于公司无疑是一大损失。调查人员还发现，女工们生了孩子后，必须把婴儿送到自己的部落去抚养，但是公司仍旧要按规定付给女工们百分之七十五的工资做照顾费。这既不利于公司节约开支，也不利于女工的长久利益。

于是，调查小组提出了修正的办法，不再在金钱上打转。他们提出了许多种方案。比如，考虑到妇女本身的愿望和要求、部落的风俗及政府禁止节育等方案。比如，公司只雇用男工，但是这样公司的工资支出将大大增加。比如付给产期妇女少一些的工资，这也遭到拒绝。最后，他们经过充分的讨论，提出一个两全其美的办法和方案，这个方案的主要内容就是妇女们产假期间的照顾费取消，由公司成立一个免费的托儿所，负责照看妇女们的孩子。

这个方案得到了公司上层的一致赞同。

于是，在在公司和工会的谈判桌前，公司调查小组拿出了他们的方案。工会人员对这个提议很感兴趣，虽然取消了照顾费，但是孩子们得到了很好的、免费的照顾。妇女们也可以在工作之余同自己的孩子生活在一起，这对于她们来说，简直是太好了，这有利于培养自己和孩子的感情，她们当然乐意了。于是，这个方案很顺利的通过了。妇女们也更加热爱自己的工作，对工作也更加尽职尽责。

在这个实例中，劳工谈判之所以能够如此顺利的解决，最重要一点就是公司在谈判的准备工作中，谈判小组聚在一起就有关的谈判事项做了认真的考虑和调查研究。当他们了解到非洲妇女的风俗习惯后，制定了多种解决的方案。当谈判不能顺利进行时，就选择下一个替代方案。最终选择了一个最佳的替代方案，由公司开办一个免费托儿所，这样一来，既满足了女工们生儿育女的需要，又使她们更加忠实于公司。

实践证明，在谈判过程中，成功地运用最佳替代方案的技巧和方法可保护自己的利益。使用这种方法，表面上看是妥协退让，实际上却是通过变通的方式达到自己的目的。这就要求谈判人员在谈判的准备过程中做充分的论证。

◎ 在搜集信息方面下功夫

日本某家株式会社拥有的农业加工机械是中国几家工厂急需的设备。为了进口这些设备，中方某公司代表即与日本方面在上海举行谈判。按照规定，日本方面首先提出1000万日元的报价。中方主要谈判代表知道对方的报价大大超出了产品的实际价格，便回复说："根据我们对同类产品的了解，贵公司的报价只能是一种参考，很难作为谈判的基础。"日方代表似乎没有料到我方会马上判断出其价格的不确定性，有些措手不及，便答非所问地介绍产品的性能与质量，说明自己的产品如何如何的好，质量如何如何的高等等。

其实，我方对这类产品的性能、成本以及国际市场上的销售行情早就了如指掌。我方故意问道："不知贵国生产此种产品的公司有几家？贵公司的产品优于其他公司的依据是什么？"这貌似请教，实际上暗示出生产厂家并非只你一家，我们非买你的东西不可。

日本代表对中方代表的问话非常吃惊，日本代表不便回答也不能回答。于是，日方代表借故离开谈判桌，另一位代表也装着找什么东西，低下头不言语。为了摆脱困境，日本主谈回到谈判桌前，假装询问他的助手："这个报价是什么时候定的啊？"其助手当即省悟过来，灵机一动说："哦，是以前定的。"日方主谈于是对中方代表笑笑，忙做解释。当双方休会后，重又回到谈判桌前时，对方慌说经过与有关方面领导核实，同意削价100万日元。中方根据手中掌握的信息，并且以对方不经请示就可擅自降价百分之十的信息作为还价的依据，提出给价750万日元的要求。可是遭到日方坚决反对，谈判陷入僵局。

为了打开谈判局面，使日方接受中方的条件，中方代表郑重指出："这次引进设备，我们从几个厂家中选择了贵公司，这已经说明我们的诚意了。你们说价格太低，其实不然。此价虽比贵公司销往别国的价格低一点，但由于中日之间运费很低，所以总的利润并没有减少。更为重要的是现在还有其他国家的几个公司正等待着我方的邀请，希望和我们签订销售协议。说完，中方代表将其他外商给中方的电传拿给日方代表看。日方代表被中方所掌握的翔实的谈判信息及坦诚的态度所感动，他们觉得中方的还盘，有理有力，无可挑剔，只好握手成交。

在中国代表同日本某株式会社的这场谈判中，中方代表之所以能够获得如此大的成功，跟他们掌握了大量的信息，并巧妙地利用这些信息为谈判服务是分不开的：第一，中方谈判不仅在谈判之前对引进产品的性能、成本、在国际市场上的销售行情等信息了如指掌，而且在谈判过程中也及时掌握对方在价格上的有用信息。其二，利用自己掌握的信息，造成竞争态势，以此削弱对方的谈判实力。即把其他国家和中国方面联系的情况如实告知日方，给他们造成巨大的心理压力。从而最终取得谈判的成功。

高明的谈判者首先能掌握信息，特别是利用信息，在信息上下工夫。这就要求谈判者在谈判之前搜集相关的谈判信息，搜集的信息越多，可能有价值的东西就越多，就会越能增加自己在谈判中的胜算。其次，在谈判过程中，所利用的信息要保证尽量准确无误，不确切甚至错误的信息不但无助于谈判，反而会给谈判带来麻烦和失败。最后，利用信息要适当，该用的时候用，不该用的时候不要乱用。

如何掌握谈判的信息呢？掌握谈判信息的方法和渠道多种多样，谈判者应该根据各自不同的情况加以选择和利用。比如在谈判之前，通过报纸、杂志、广播、专业书籍、通过有关机构的人员，通过各种会议等来获取。另外在谈判过程中也要注意搜集信息，比如上述案例中，中方谈判代表以对方不经请示就可擅自降价百分之十的信息作为还价的依据，结果有效地达成了自己的目的。

◎ 自己的核心情报要保密

20世纪80年代，我国光冷加工的水平较低，为改变这种状况，国家决定为南京仪表机械厂引进联邦德国劳（LOH）光学机床公司的光学加工设备。为了更好地了解劳公司及其产品，南京仪表机械厂的科技情报室马上对劳公司的生产技术进行了情报分析。

谈判中，劳公司提出要将24种产品的技术转让给中方。

根据谈判前对其产品技术的研究，南京仪表机械厂认为，这24种产品中的13种已经足以构成一条完整的生产线，满足自己的生产要求，没有必要将24种全部引进。

在价格方面，南京仪表机械厂也做了调查，掌握了国际市场的合理价位。

这次谈判，联邦德国公司没有占到一点便宜，我国既买到了先进的设备，又节约了大量的外汇。事后，劳公司的董事长R·柯鲁格赞叹道："你们这次商务谈判，不仅使你们节省了钱，而且把我们公司的心脏都掏去了。"

这是一个典型的由于信息准备充分而赢得谈判的例子。南京仪表机械厂在谈判前做了大量的准备工作，他们了解、分析的不只是德国厂商的情况，还有自己的情况。20世纪80年代，我国刚刚改革开放不久，与发达国家的技术差距使我们必须大量引进国外先进技术设备来发展我们自己的经济。德国厂商当然希望卖给我们的产品越多越好。但是，南京仪表机械厂并不认为国外的先进设备都应该买回来，他们充分分析了自己现阶段的能力和需要，在谈判前就确定了只要13种，并对国际市场的产品价位做了调查，真正做到了知己知彼。自然，谈判取得胜利就是水到渠成之事了。

谈判场如战场，你了解对手的时候，对手也在了解你。谈判还没开始，暗战已经在进行了。像古代的战士一样，右手拿着矛攻击对方的时候，左手里拿着的盾也要努力保护自己，盾挡住的身体部位越多，受伤、战死的可能越小。但保护的位置也有主次之分，头和心脏一旦受伤就是致命的。谈判中自身的核心资料就是头和心脏，攻击敌人要害部位的同时要努力保护好自己，尤其是要害部位！

◎ 用“角色模拟法”做准备

谈判前的准备工作有很多内容，而其中最后的一个内容就是要为即将进行的真实谈判安排一次模拟演习，特别是对于比较重要的谈判，这一环节和内容是必不可少的。在模拟谈判过程中，不仅可以使己方的谈判计划的薄弱环节或者不足之处得以暴露，并采取适当的弥补和修改措施，更重要的是可以使己方谈判人员获得一次临场演练的机会，不至于在正式的谈判中遇到困难手足无措，以致最后功败垂成。

有一家生产成套办公设备的公司技术负责人和销售负责人发生严重分歧，双方的分歧点是为了一种新设备是否投放市场而是否做一项技术指标规定。在矛盾不可调和时，负责技术设计的副总经理琼斯和负责销售的副总经理帕克之间必须通过一场谈判来解决争端。

为了在谈判中战胜对手，从而证明自己观点的正确性，琼斯做了一系列扎实的准备工作。他首先选派自己的副手沃森作为主要谈判手，并着手调查研究的工作，尽力查清了最近几年来该公司在某些特定领域的销售情况，包括哪些是最大的主顾以及客户与公司之间的来往关系等，接着琼斯把本部门的骨干力量召集起来，共同研究掌握的资料，讨论并制订谈判的计划。最后他们决定来一场模拟谈判，来检测和完善自己的谈判计划。

在模拟谈判中，琼斯选出沃森等人分别扮演帕克等对手的角色，提出并考虑种种可能的假设，模拟对手进行可能作出的反驳等等。他们冷静地思考和检查己方作出的假设和对方可能作出的假设，加以探讨和辩论，通过这次模拟，发现了不少问题。

首先，琼斯假设销售经理帕克感兴趣的只是向手下的人灌输最不切实际的销售神话，这是与事实不相符合的，因为帕克是个性格复杂的人，关于他的动机，可能比这个假设所能够包含的要更加复杂。然后，通过模拟谈判，琼斯又发现他对谈判的准备都建立在关于设备运转的一个不确定的技术指标上，但是在没有得到进一步的情报前，琼斯并不能如此草率地作出这种怀疑。还有一点，就是琼斯在模拟谈判之前一直认为技术设计方面都是由自己负责的部门说了算，实际上这也是不正确的。除了技术部门之外，如推销员、客户等实际上都能够对技术方面提出有用的意见和建议，在谈判中他绝对不能够把自己在技术方面的专长当作立足根本。

在将自己的各项假设方案仔细梳理一边后，琼斯还要求模拟谈判预测帕克可能的各种假设，包括认为技术部门对公司销售业务的来龙去脉和存在问题的毫不关心等。在此基础上，模拟谈判中被肯定的方案和策略得到认可，而被发现有问题的地方作了必要的修改和补充，使琼斯对即将进行的谈判的筹划和对策更加胸有成竹。

由于琼斯在谈判之前做了大量的准备工作，并且用模拟谈判对自己的不足之处进行了修正，使谈判进行得非常顺利，在整个谈判过程中，琼斯方面几乎完全占据着主动和优势，谈判进程基本上按照琼斯方面的设想方案得以解决，琼斯终于在谈判中大获成功。

由此案例可以得知，所谓角色模拟的谈判技巧和方法，就是在正式谈判之前，谈判的一方选择本方不同的谈判人员扮演对手的角色，站在对手的角度和立场考虑问题，设身处地地提出各种对手所能够想象到的问题，让这些问题提前考验自己，这样就可以在谈判之前寻找到解决问题的途径和方法，确定己方的应对措施。正式谈判前进行模拟谈判之后，不仅可以做到应对自如，而且可以在气势上给对手一个措手不及难以招架，使己方处处占据主动和优势地位，对谈判进程的影响自然不言而喻了。

CHAPTER 4

谈判实战（二）：开局的艺术

开局阶段也就是摸底阶段。在这一阶段，双方都在争取各自的最大利益，获得最大满足。经过几个步骤，一个谈判高手就能够很快明确对方的意图，迅速地调整自己的战略，从而在接下来的交锋中试图一举击败对手。

你在谈判过程中所取得的每一步进展都取决于你在谈判早期所营造的气氛，开局策略基本上可以决定一场谈判的成败。

——美国谈判专家　罗杰·道森

◎ 创造良好的谈判气氛

实践证明，轻松、和谐的环境更容易使人相互谅解和友好合作，而在紧张、恐怖的气氛下，人们很难平静也最容易产生冲突。所以，创造良好的谈判气氛至关重要。

如何创造良好的谈判气氛呢？下面介绍一些最基本的原则。

1.以诚取信——形成良好气氛的关键

谈判者的形象对谈判的气氛有十分明显的影响。这种形象体现在多个方面，如谈判者的姿势，到底是精力充沛还是疲乏不堪，是积极主动还是呆滞迟钝。再如人的眼神，人们常说眼睛是心灵的窗户，从眼神中就可以看出一个人是坦荡诚挚的，还是躲躲闪闪、疑虑重重的。诚实、可靠、富有合作精神的谈判者总是受人欢迎的。谈判者应注重对自身形象的设计，以诚实可信的形象出现在对方面前，从而建立一个友好的、相互信任的谈判气氛。

克莱斯勒公司总裁艾科卡总是以一副和善的面孔给人留下诚实可靠的印象，他主持的谈判往往在开头便使人感到轻松愉快。

小克莱斯兄弟公司的老板威尔逊先生是个善于创造良好谈

判气氛的高手。他对谈判中形成良好的气氛有过精辟的论述，他说：“谈判气氛最重要的因素是相互信任。有了相互信任就有了谈判基础，否则，留给大家要做的事情就是三个，争吵、争吵、再争吵。”在谈到如何才能创造一种相互信任的气氛时他说，关键在于行动。对于新手来说，关键在谈判人员素质的高低。威尔逊给我们的启示是什么呢？这就是“信任他人，也就是信任你自己”。

2.不要在一开始就涉及有分歧的议题

谈判刚开始，良好的气氛尚未形成，最好先谈一些友好的或中性的话题。中性话题的范围很广，一切和正题不相干的话题都是中性的。这里我们把它归纳为四个方面。

（1）来访者旅途的经历。如对方乘飞机来，可以问旅途的有关经历、见闻。

（2）体育新闻或文娱消息，如“您看没看昨晚电视转播的球赛？”“今天晚上中国京剧团将举行慰问演出，你们是否想看？”

（3）个人的爱好，如“您喜不喜欢京剧？”“周末常去垂钓吗？”

（4）对比较熟悉的谈判人员，还可以谈谈以前合作的经历，打听一下熟悉的人员等。这样的开场白可以使双方找到共同的话题，为心理沟通预先做好准备。但是，中性话题也有积极、消极之分，谈判人员应设法避免令人沮丧的话题，比如“今早乘车来，公路上出现了一起车祸，堵塞了交通，我们真担心会迟到了”。

从维持谈判气氛来讲，说话的另一大忌是口吐狂言、滔滔不绝。说话表现出轻狂傲慢、自以为是，会引起对方的反感、厌恶，招致对方的攻击。

口若悬河、滔滔不绝地讲话，会使人失去倾听对方的机会，忽略对方要求，给对方抓住口实的把柄。多数情况下，对方不是在听你的“讲演”，而是在欣赏你的“表演”。要避免犯类似错误，可以经常问自己“我是不是讲得太多了？”“是否给对方留出了讲话的机会？”“他为什么没有讲？”这样，你就能时刻保持清醒头脑。

3.不要刚一见面就提出要求

这样很容易使对方的态度即刻变得比较强硬，谈判的气氛随之恶化，双方唇枪舌剑、寸步不让，易使谈判陷于僵局。由此可见，在谈判尚未达成必要的气氛之前，不可不讲效果地提出要求，这不仅不利于培养起良好的谈判气氛，还会使谈判基调骤然降温。

开讲阶段的进行过程被人们称之为“入题阶段”。由于谈判即将进行，双方都会感到有点紧张，因而需要一段沉默的时间，以调整与对方的关系。这段时间应占整个洽谈时间的5%。

也就是说，如果洽谈准备1个小时，沉思时间为3分钟，如果洽谈准备持续几天，最好在开始谈生意前的某个晚上一起吃一顿饭。如果是以小组而不是个人为单位进行洽谈，那么，掌握好建立洽谈气氛的时间，其意义更为重大。

应当指出，维护和谐的谈判气氛，并不是一味迁就、讨好对方，这样只会助长对方的无理要求。

和谐的谈判气氛是建立在互相尊重、信任、谅解的基础上的，该争取的一定要争取，该让步时也要让步。如果对方毫无谈判诚意，只想趁机钻空子，那就必须揭露其诡计，并考虑必要时退出谈判。

◎ 第一个提议可以是一个要求

好的开始是成功的一半，在一次谈判中，初始行动是很关键的，这是因为它可以传达出有关各方的态度、抱负、意图以及对他人的感觉等信息，从而在决定自己以什么姿态出现之前先探查出对方的基本姿态。

本节为你提供五种可供选择的始谈行为。

1. 提出一个要求作为先决条件

如果对方先行发言或者对始谈行为犹豫不决，你便获得了一个在进入正式讨论之前首先阐述一个先决条件的好机会。如提出一个明确的要求，或者是你在准备谈判之前所必须采取的行动方针。若对方表示认可，你就获得了某种心理优势、获胜的可能性和减弱了可能的谈判阻力。

2. 让对方首先做出提议

让对方首先做出提议一般对你有利，特别是当对方极为能言善辩时更是如此。这样有助于你避免做出严重的错误分析，使你面对比你预期要好的提议有思想回旋余地和再思考的机会。

具体引导步骤为：

（1）让对方首先正式发言，如“能否先谈谈你们是怎么想的？”

（2）保持沉默（一言不发，表示对方应该首先发言）。

3. 继对方提议之后提出你的高要求

研究表明，那些一开始就提出极端要求的人，比那些提出较温和要求的人能取得更为有利的结果。其优点是：

（1）要求能够使随后的要求显得更合理。

（2）传达出你的期望。

（3）给你更多的时间以便弄清对方的志向。

注意，要用一些“符合逻辑”的基本原理来中和极端要求，以便向对方表示出你是认真的，这样做可减少对方退席的可能性。

4. 一开始就用容易的事情提出主要要求

谈判一旦开始，要抢先用那些对方最容易承受的要求来预示出你最感兴趣的事项。这常常是有用的，不仅有助于产生一种成功、友好和合作的气氛，而且可使对方更容易接受你以后的要求。

支持一开始就应提出你自己的主要要求的理由是：

（1）谈判初期人们习惯于较自由地做出让步。

（2）若不能解决主要问题，而将时间大量浪费在枝节问题上是得不偿失的。

（3）枝节问题要在主要问题解决之后再安排。

相反，有时是在谈判即将结束之时才会得到重大让步，因为对方已经投入了许多时间和精力，极想使他们的时间及金钱投资得到回报。

5. 背水一战

有时人们用“这是我的第一个也是最后一个提议”来强调自己初始提议的有用和不可更改性。在此行为之前，你要做广泛的研究，必须在确认“这是公平的、无可非议的”“使人感到毫无隐瞒”时，才可以用背水一战的方式做出提议。

背水一战的策略易于让人怀疑其守信程度，故运用背水一战策略时需要该人有较高信誉度，或者附之运用一些证明你不是在吓唬人的方法，如强调自己要公开宣布等。

◎ 开出高于预期的报价

在决定什么时候或是否最先提出要求时，有许多因素值得考虑。

与普遍的想法正好相反，谈判中首先开口要价并不一定有好处。因为最理想的开价就是刚刚超过对方的最低标准一点点。这样的开价之所以理想，就是因为它既不会让对方觉得你的价码低得无理取闹，也不会觉得你无知到荒谬可笑的地步，毕竟这是在谈判，双方都有权力充分维护自己的利益。这个价码还有一个更重要的好处就是如果对方接受了你的开价，你就在可能的范围内赢取了最大的利益。如果你对谈判对手的最低标准很清楚的话，首先开价是最佳的选择。

遗憾的是，在大多数情况下，我们都不可能明确对方的最低期望值。而谈判又是一个数据精准的过程。当你不知道对方的底牌时，往往会过高估计对手的谈判姿态，先开口时就不敢太苛刻，要求自然就放低了。首先开出的价码有可能会落在争价的区域外，一旦如此，谈判者一上场就已经失去他的谈判阵地了。如果你糊里糊涂地就先开了价，而且对方还立即接受了，那么不用我说，你也会有一种上当受骗的感觉。可是开出去的价如果收回，岂不是太没面子？而且在正式谈判时也不太可能允许这样，所以你连后悔也来不及了。

避免这种情况发生的一个绝对保险的办法就是开出一个极低或极高（取决于你是买主还是卖主）的价钱，这样对方就不可能立即接受它。

◎ 永远不要接受第一次报价

假设你有个邻居，他把一艘汽船停在车道上。他住在这儿五年了，你从未见他把船拖到湖上去。如果能以合理的价格得到这艘船，你会考虑买下它的。但是若问他卖这艘船要多少钱，却似乎是个很糟糕的想法。倘若他知道在他手中有一个目前大家关心的东西，他就会故意抬高价格。

假如公平的价格是2万美元，而你希望以1.5万美元巧取。当你找到他，他会很急切地说："那艘船崭新得很，我甚至五年都没有去掉罩子。低于2.5万美元一分钱我都不卖。"你可以和他讨价，让他先规定价格。你已经扩大了谈判范围，很难达到你的目标，甚至不能把这个范围包括在你的计划中。如果他要2万美元，而你只愿意付1.5万美元，你只能要求减去5000美元，才能精确包括在你的范围内。

如果让他先表态是个错误，那么在没有先规定你的价格的条件下，你可以做几件事让他更改他的开始条件。你可以运用以下的方法：

以穷为借口。“麦克，我考虑了一下，我认为自己付不起买你那艘船的钱，但我的确注意到你从未使用过它，我以为你会在价钱上稍便宜点卖给我。”

运用上级权力机构的压力。“麦克，我妻子知道我让你把船卖给我的话会杀了我，但是……”

运用竞争的能力。“麦克，我看到一条和你的船很像的船，真便宜。但是在买那艘船前，我想看看你的船要多少钱。”运用了这些方法，在没有对形势表态的情况下，你就能改变麦克的要求。你对对方及其要谈判的信息了解得越少，不要先行动的原则就越重要。

关于谁首先发言有一个通用的准则，如果谈判对手掌握了比你更多的资料信息，不管什么时候你都不要首先发言。

◎ 人们满意时，就会付出高价

“我的谈判对手有什么特殊偏好吗？”您在提出开局目标之前要反复问自己是否了解了这个问题的答案，如果是否定的，那您就要闭紧您的嘴巴，不要先说。调查对手的兴趣，并且尽力地去满足他，往往能使对手在不知不觉中落入你的圈套。

一餐可口的食物，一个美好的夜晚，一些有趣的小恩小惠，这些并不是贿赂，是正当的，可以被理解和接受的，在这种场合下人往往会比平时更加随便。谈笑风生之时，您动之以情，晓之以理，可以收到意想不到的效果。

无论何时尊宾敬主总是一种受人称道的美德，人们往往在谦逊的人面前会变得软弱无力。日本商人就是运用这种策略的典范，他们懂得如何尊重对方，对人非常谦逊。正是运用了这种策略，他们往往能够在谈判桌上获得更多的利益。

那么，具体怎样才能做到这一点呢？

（1）注意倾听对方谈话，即使内容枯燥也要顶住。

（2）尽量给对方一个最圆满的解释，这在发生矛盾和纠纷时最为奏效，他会满意地离去，以后再不会找您的麻烦。

（3）对人应温和而有礼貌，就像同他商量一样地提出你的目标，使他觉得你的目标就是他的目标。

（4）让对方有自己的空间去活动，不要把通道都堵死，因为那将意味着他不得不反戈一击。

莎士比亚说得好："人们满意时，就会付出高价。"如果您能够在提出开局目标时就让对手满意，让他觉得他和您是不谋而合，您就可以达到《孙子兵法》中所说的"不战而屈人之兵"的目的了。

◎ 开局就掌握主动权

在谈判过程中，对谈判抱有很高期望的谈判者都渴望能够在谈判争论初期就占据主导地位，他们需要占据主导地位来控制局势。因此，主导策略具有很强的侵略性，谈判各方都力争占据主导地位，从而限制不符合自己意愿的决策，以防止对方说“不”。

1. 前提条件策略

前提条件策略是指谈判双方强制设定某些前提条件，以显示不愿意就彼此的分歧进行谈判。比如说，美国对伊拉克进行空袭期间，就提出“不在胁迫下谈判”和“不与恐怖分子谈判”的前提条件。

这种策略使美国与伊拉克武装力量之间产生了不可逾越的障碍，进而阻碍了谈判的展开，使问题更为棘手。在这种策略下，要想使恐怖分子妥协的可能性就微乎其微了，更可能使谈判另一方产生过激反应，比如终止谈判等。在伊拉克，恐怖分子就出现了绑架人质、杀害人质的过激反应。

但是，作为一种建立信任的措施，某些前提条件以及谈判一方接受这些条件的意愿将会对谈判创造有利的条件。例如，在上面例子中，谈判中要求释放病人、儿童、妇女、老人等人质就是在恐怖分子和谈判当局之间建立信任的一个有效前提条件，随后双方才能进行更为艰难的谈判。

2. 免谈条款策略

与前提条件策略密切相关的另一种策略是免谈条款策略，即宣称某些问题在谈判中或是合同的签订过程中是免谈的。这种策略大多运用于商务谈判之中。它一般可以防止对那些力量较强的卖方或买方强加的某些固定条款和条件进行反复谈判。是否接受它们为免谈条款，在很大程度上取决于谈判双方的力量对比。

例如，在计算机成为一种大众化的商品之前，全世界的计算机市场主要由IBM、Digital等大型供应商控制，因此这些供应商普遍强迫客户接受卖方协议。当其他类型的计算机普及后，这些供应商的客户马上坚持使用买方协议，此时买方开始对供应商运用免谈条款策略了。

运用免谈条款策略的目的是使谈判对手逐渐丧失削弱己方谈判实力的可能性，从而削弱对手的谈判实力。这些条款有时是情绪化的，有时却是合理的。这种情绪化会使谈判对手作出错误的判断，谈判对手可能会觉得除非同意将某些问题视为免谈条款，否则谈判无法继续进行。

但是，谈判对手也会有相应的应对策略。他们可以完全接受要求，也可以只做部分让步，并可能会建议将这些免谈的问题暂时放在一边，看看谈判双方在其他问题上能否有所进展。

或者是暗示己方，整个谈判取决于所有问题，而非一两个。这就完全要看谈判双方实力的对比了。

3. 操纵进程策略

操纵进程策略是指谈判一方可能通过控制议程内容或讨论事项的先后次序来试图操纵整个谈判进程。一般来讲，单方面确定谈判议程或次序不符合正常的谈判规则，但在某些情况下，谈判一方会试图将多个问题按特定次序排列，以获取有利地位。

◎ 识别消息真伪

美国开凿巴拿马运河的初期谈判，谈判双方都释放了一些不辨真伪的消息去迷惑对方。

谈判的一方是美国，另一方是法国巴拿马运河公司。谈判的焦点是美国应该付给这家法国公司多少钱才能取得开凿巴拿马运河的权利。

这家法国公司虽然已开凿失败，但它在巴拿马运河却拥有一笔数量可观的资产，其中包括：3万英亩土地、巴拿马铁路、2000幢建筑物、大量的机械设备、医院等。法国人估价1亿多美元。他们开价1.4亿美元，而美国人的开价仅仅2000万美元，二者相去甚远，经过双方磋商，分别让步到1亿和3000万美元，但谈判到此就停了下来。

美国人的战略是声称另找一块地方挖运河，他们选中了尼加拉瓜，美国众议院宣布考虑支援开凿尼加拉瓜运河。精明的法国人摸透了对方想要一条运河来沟通两大洋的迫切心理，而且也料到了美国会用尼加拉瓜运河来与巴拿马竞争，于是也耍了一个花招，暗示法国也同时与英国和俄国人谈判，以争取英俄的贷款继续运河的开凿。双方相持不下。

不久，法国人获得了一份美国有关委员会给总统的秘密报告，报告中虽然肯定了巴拿马运河的优越性，然而提出购买的费用过高，不如实施尼加拉瓜方案。这份情报让法国人的信心动摇了，他们忧心忡忡地另做评估。正所谓“福无双至，祸不单行”。

不久，法国内部又爆发了一场危机，巴黎公司的总经理因故辞职不干，股东大会乱作一团：卖给美国人吧，什么价钱都可以接受！于是一夜之间，法国的报价骤跌至4000万美元，落入了美国实际可接受的范围。

从以上谈判案例我们不难看出，谈判者谋略的出发点在于巧布迷阵，借以给对手指示某种虚假的动向或暗示的信息，使之具有一定的诱惑力。其目的就在于搜索到对方更多有价值的信息，给对方制造压力或困惑，从而掌握谈判的主动权，达到“请君入瓮”的目的。

◎ 探测对方的虚实

在谈判的开局阶段，不仅要为转入正题创造气氛做好准备，更重要的是谈判双方都会利用这一短暂的时间进行事前的相互探测，以了解对方的虚实，所以这段时间也被称为探测期。

在此期间，主要是借助感觉器官来接受对方通过行为、语言传递的信息，并对其进行分析，以判断对方的实力、风格、态度、经验、策略以及各自所处的地位等，为及时调整己方的谈判方案与策略提供依据。当然，这时的感性认识还仅仅是初步的，还需在以后的磋商阶段加深认识。

老练的谈判者一般都以静制动，用心观察对手的一举一动，即使发言也是诱导对方先说，而缺乏谈判经验的人才抢先发表己见，实际上这正是对方求之不得的。

如果谈判者不想在谈判之初暴露弱点，就不要急于发表己见，特别不可早下断语，因为谈判情势的发展往往会使你陷于早下结论的被动。

正确的策略是，在谈判之初最好启示对方先说，然后察言观色，把握动向；对尚不能确定或需进一步了解的情况进行探测。

1.使用激将法。激将是诱导对方发言的一种特殊方法，由于运用不好会影响谈判气氛，应慎重使用。如“贵方的销售情况不太好吧？”“贵方是不是对我们的资金实力有怀疑？”“贵方总没有建设性意见提出来”。

2.在启发对方发言时，应避免使用能使对方借机发挥的话题，否则将使己方处于被动。

3.诱导对方发言。这是一种开渠引水、启示对方发言的方法，如“贵方不是在传真中提到过新的构想吗？”“贵方对市场进行过调查，是吗？”“贵方价格变动的理由是……”

4.征询对方意见。这是谈判之初最常见的一种启示对方发表观点的方法，如“贵方对此次合作的前景有何评价？”“贵方认为这批冰箱的质量如何？”“贵方是否有新的方案？”

5.当对方在谈判开局发言时，应对对方进行察言观色。注意对方每一句话的意思和表情，研究对方的心理、风格和意图，可为己方所作的第一次正式发言提供尽可能多的信息依据。在谈判桌上，不仅要注意对方发言的语义、声调、轻重缓急，还要注意对方的行为语言，如眼神、手势、表情，这些都是传递某种信息的符号。优秀的谈判者都会从谈判对手起始的一举一动中，体察对方的虚实。

6.要对具体问题进行具体探测。在有些情况下，察言观色并不能解决问题，这就要进行一些行之有效的探测了。例如，要探测对方主体资格和阵容是否发生变化，可以问：“××怎么没来？”要探测对方出价的水分，可以问：“这个价格变化了吧？”要探测对方的资金情况，可以问：“如果C方要我们付现金呢？”要探测对方的谈判诚意，可以问：“据说贵方有意寻找第三者？”要探测对方有否决策权，可以问：“贵方认为这项改变可否确定？”

此外，谈判者还可以通过出示或要求对方出示某些资料等方法来达到探测的目的。

◎ 不要急于下判断

谢先生要代表公司和另一公司谈判，谈判前，经过了解，谢先生得知，对方的谈判代表周先生是东北人。谢先生想：东北人生性豪爽、爱结交朋友、不太注意细节，这次能遇到这样一个对手一定会谈得很顺利，在细节问题上可以取得更多利益。

谈判地点定在谢先生的公司，周先生比预定的时间提前二十分钟到达，带了大量的资料，还顺便熟悉了谢先生公司周围的环境和大概情况。

谈判中，周先生非常仔细听谢先生的每一句话，对合同的细节问题也研究得很透彻。这与谢先生最初对这个周先生的判断大相径庭，使他很吃惊。由于判断的失误，谢先生在合同细节上的准备与周先生相比显得很不充分，很多问题不得不同意周先生所说的建议，并写入最终的合同。

两个小时的谈判结束后，周先生带着满意的笑容和双方签订的合同离开了谢先生的公司。

一个人的性格、习惯与他的出生地和成长环境有一定的关系，但是，最重要的是天生的性格。比如从小一起长大的两兄弟，虽然成长环境都一样，但是一个外向爱交朋友、大大咧咧，但另一个却文静少语、喜欢独处。虽然某一个地方的人，大都有一种共性，但是，单凭一个人的籍贯就急于对他的性格下判断，准确率还是不怎么高，只能作为一个参考。

上面例子中的周先生虽然是东北人，却不像谢先生认为的那样对细节不重视，而是一个很细心的人。他提前到谈判地点，了解周围的环境，为自己能快速适应谈判做准备，也带大量的资料，让谈判更有利于自己，谈判前也对细节问题进行了仔细研究，不放过任何一个可能对自己有利的地方。

谈判前的准备不只是信息的搜集，还要根据信息进行判断，再依据这些判断计划谈判中的策略。谢先生搜集了信息，也进行了判断，也根据自己的判断对谈判有所计划。但是，他的判断下得过早，在还没有掌握所有信息时就断定对方是一个什么样的人。依据错误的判断拟定的计划，自然不适合这次谈判。

过早地下判断，很多时候是受经验的影响。比如谢先生根据自己对东北人的了解，凭经验断定对方一定不够细致，然而事实恰恰相反。经验很多时候会帮我们正确地判断人和事，但是凡事有例外，经验总有不足，太相信经验反而不利于谈判。

判断必须要下，但一定要建立在对信息完整、全面搜集的基础上。比如，判断一个人是否对你说谎，并不能单凭你对他的了解和他平时的表现，更要知道他所说的这件事对他来说意味着什么，和这件事有关联的人都有谁，他们是什么情况，等等。

谢先生输了，输在准备不足上，更输在急于下判断上。

谈判前如果在信息搜集到一半的时候已经做出了判断，不要停止，继续搜集，让接下来的搜集工作证明你判断的正确性。不管多少不全面的信息证明你的判断是正确的，也要让信息尽量的完整。因为，就算你的判断很准确，但是谈判桌上出现的事情无法预料，全面的信息会让你在谈判时做出正确的判断。

对方的话语表达对方的思想，把话听完，不要急。就算是对方的话让你很生气，也要等他说完再下判断，判断他想要表达的意思，判断他的目的，稳定自己的情绪后再做出反应。急于下判断不只会使己方的情绪受到影响，错误的判断也会造成双方的误会，从而影响对方的情绪，以至于影响最后的谈判结果。

如果你希望对手在谈判前对你方信息的搜集不全面、不正确，对你方做出错误的判断，那么可以适当放出一些可以使他急于下判断的信息。谈判时，可以用“……，但是（可是）……”这样的句子，把退让或者妥协的话放在后半句，使他没有听完你的话就做出判断，从而主动先于你做出退让或者妥协。

◎ 寻找利益交集

20世纪70年代，美国著名的汽车公司克莱斯勒曾出现过危机。艾柯卡在克莱斯勒最艰难的时刻，担任了公司的总经理，为了使公司渡过难关，艾柯卡向美国政府请求紧急经济援助，希望政府可以提供贷款担保。不料，这一举动在美国引起了轩然大波，舆论一边倒地认为克莱斯勒应该倒闭，根据企业自由竞争原则，美国政府不应给予其经济援助。为此国会还举行了听证会。

听证会像一个审判庭，委员会成员所在的位置要高出证人8尺，证人回答问题时必须仰着头。银行业务委员会主席兼任参议员的威廉·普洛斯迈质问艾柯卡："如果政府为克莱斯勒担保贷款，那么政府将对克莱斯勒介入更深，这与你一直鼓吹的企业自由竞争不是背道而驰吗？"

"没错，我一直是企业自由竞争的拥护者，但是现在克莱斯勒的情况艰难，只有得到政府担保的贷款才能渡过难关。"艾柯卡回答。

随后，艾柯卡指出，克莱斯勒公司请求政府提供贷款担保，对于政府来说并不是首例，已经有4090亿美元的保证贷款在政府的账册上，而为克莱斯勒担保贷款不仅是关系到公司的生死存亡，更关系到60万人的饭碗。这时正是日本汽车在美国争夺市场的时候，如果克莱斯勒倒闭，这60万人可能就会为日本人工作；而更不幸的是，如果这些人失业了，他们仅第一年将花费掉国家27亿美元的保险金和福利金。政府是愿意为克莱斯勒担保贷款，以后全数收回，还是为失业人口支付大量的金钱呢？

国会议员们被艾柯卡的理由说服了，批准了克莱斯勒申请的贷款担保。

艾柯卡代表的克莱斯勒公司在这次谈判中所追求的利益是公司继续运营，工人有饭碗，使美国汽车的市场占有率高于日本汽车的市场占有率。政府的利益是维持社会的稳定，保全美国经济大国的地位和面子。谈判双方各有各的利益诉求，艾柯卡成功的关键在于他找到了双方利益的交集，利用这个交集，让对方感到如果不支持克莱斯勒渡过难关，自身的利益也将会受到威胁。

例子中的政府代表们，一开始就高高在上，不光地位和人数与艾柯卡所代表的克莱斯勒公司悬殊，更在座位的安排上给对方造成压力。这些政府官员最初的想法只是反驳艾柯卡的提议，让他在自相矛盾的话语中知难而退，但是聪明的艾柯卡将政府的利益与自己的利益联系起来，改变了谈判的气氛。听证会变成了真正的谈判，双方利益的交集迫使政府官员不得不结合自身的利益好好考虑。

艾柯卡首先提出了政府为克莱斯勒公司提供贷款担保的可行性，政府的账面上已经有为其他公司提供的贷款担保4090亿美元。话外之意就是说：“为别的公司提供担保，为什么不能为我公司提供？”然后，将本无关于政府的商业竞争与国家形象和荣誉联系起来，让对方感到，不支持克莱斯勒就是不支持本国产业，艾柯卡的意思是：如果你不支持我，很多美国人就将为日本人工作，丢的是政府的面子。最后，艾柯卡将克莱斯勒的利益与政府的真实利益连在一起，失业人口给社会带来的隐患很多，对于政府的形象和支出也有很大的影响，而且这些支出是无法收回的，与能收回的贷款相比，哪个更好呢？

在艾柯卡的引导下，美国政府权衡利弊，最终同意了他的请求。总之，艾柯卡找到了双方利益的交集，并利用它让对方深切地感受到驳回请求给自身利益带来的伤害，艾柯卡成功地让政府提供担保贷款的秘诀就在这里。

所谓利益交集，是谈判双方都关心的问题，是双方都想要得到、都不愿意失去的部分。有时，谈判双方的利益交集是不明显的，这就需要去发现、挖掘，甚至是适当地创造交集。

利益交集，是双赢谈判的基础。一定要找到双方的利益交集才能有的放矢，提高效率、占据主动，让对方的思路跟着你走，最终达到谈判的目的。

CHAPTER 5
谈判实战（三）：中场的艺术

所谓谈判的中场，是指谈判进入到了谈判磋商阶段，是继谈判开局之后进入的讨价还价的谈判阶段。

在这一阶段，谈判各方可以根据自己所获得的信息来与谈判对手就交易的各项条件进行磋商。谈判各方将经过讨价、还价、妥协及让步，试图向达成一致意见的方向过渡。

谈判其实是一个内心相互博弈的过程。为了最终达到自我预置的目标，必须要顾及谈判对手的立场。而当我真正懂得了谈判的沟通本质后，就完全改变了自己的谈判风格。

——日本谈判学研究者　一色正彦

◎ 打探对方的底线而不透漏自己的底线

一般来说，对手的底线就是对方能够接受的最低的限度，对低于底线的条件，对手可能会拒绝，谈判会走向无功而终的结局。另一方面，对手的底线，从某种意义上说，也就是我们的最低的代价。双赢谈判，虽然追求的是双方都有利可图，但是，在另一方利益不减少的情况下，我们可以增加自己的利益。而研究对手的底线就是达到这一目的的重要手段。

这和谈判中提得最多的问题——在不损害对方的情况下，如何获得比最低目标更多的利益——是一致的。一个简单的回答就是弄清楚对手的最低目标，也就是对手的底线，然后满足他的这个目标。如果我们想买房子，并且我们知道房主的最低要求是251万，如果我们真的想买这栋房子，出到这个价钱就可以了。

要获取对手的底线并不是一件容易的事。有这么一个小笑话，谈判中一方直截了当地询问对方的底价："告诉我最低多少你可以接受，然后我看看可以给你添多少。"对方并不上当，反问道："你为什么不告诉我你希望最高支付多少呢？我可以考虑让你少出点。"对方目瞪口呆。

在谈判中，对手肯定不会故意透露底线，相反，他们还会对自己的底线加强防范，巧布陷阱，让你分不清他们的底线到底是什么，不过这并不妨碍你的旁敲侧击。

比如，到商场买东西，不清楚卖主的售价底线。经过一番讨价还价，最后双方僵持在185元的价格上。

卖方："185元的单价，是我方所能接受的最低价格了。"

买方：沉默。

卖方："185元已经是最低的了，你再也不可能买到这么便宜的东西了。"

买方：还是沉默不语。

卖方就可能为了打破你的沉默而继续说些什么，来证明他们这个价格是合理的。一旦他把支持这个185元价格的理由都说完了，他就会像一个弹尽粮绝而又爬到山顶的士兵，看到敌人坐在山下边，正举着装有子弹的枪准备朝他开火呢。这时，留给他的就只有两种选择，那就是投降或者等死。当然，如果卖方还没有面临如此悲惨的境地，他就得硬撑着往下说，这时你就有机会得到那个真正合理的价格了。

但要注意，有时对方好像是在向你透露他的底线，或者向你做很大的让步，但是你并不能确定他说的是真是假。对这种信息有所怀疑是理所当然的，因为很少会有免费的午餐，更何况谈判家并不是慈善家，他们是为了需求而来，不会随便提供免费的午餐的。

在有些条件下，我们也可以明确判断对方的最低要求。比如说如果一位求职者正在和我们谈有关薪水的问题，他出示了另一家公司——我们的竞争对手的签名聘任书，其中包括一份很有诱惑力的薪水。我们就可以知道这位求职者对薪水最低的要求，如果再多搜集一些与他的利益相关的事情，我们就有更多的理由相信他说的是真的。

◎ 用“抛砖引玉”法打探对方的底线

抛砖引玉的谈判谋略在美国著名作家马克·吐温买书的小故事里，我们可以从中得到启发。

一天，作家马克·吐温到街上散步，他走进一家书店，发现书架上摆着他本人的著作。他拿起这本待售的书，向正在营业的店员询问书价，幽默的作家便与店员开了一个玩笑，马克·吐温说：“鉴于我出版了这本书，我理应得到50%的折扣权利。”店员听他说得有理，便同意了。马克·吐温又说：“同时，我又是这本书的作者，我应当得到50%的优惠折扣。”店员只得点头屈从。马克·吐温继续说：“还有，我作为这家书店店主的私人朋友，我相信你一定会同意给我惯常享有的25％的便宜。”店员无可奈何地同意了。

“那好吧。”马克·吐温一本正经地说，“根据这些优惠折扣，还有税是多少？”店员拿起了笔，很快算了起来，算罢，他结结巴巴地说：“我大概算了算，先生，我们除了应当给您这本书之外，还欠您37.5％。”

“抛砖引玉”是一个成语，意思是以粗浅的说法引出深奥的道理，即抛出自己的见解，从而引发深刻精到的高明之见。将它运用到谈判的谋略思想中去，则是采用巧妙的方法，诱使对方说明或暴露自己的真实意图。具体而言，就是一方主动地摊出各种问题，但不提解决的办法，让谈判对手主动去解决。这种谋略一方面可达到尊重对手的目的，使对手感觉到自己是谈判的主角和中心；另一方面，自己又可以摸到对方的底细，从而争取到谈判的主动权。

在这则谈判案例中，我们不难看出，马克·吐温在和店员开玩笑的时候，他所采用的是一种“启发式”的抛砖引玉的策略在进行谈判。启发式多指己方就谈判事项提出问题，以虚心请教的态度，以相互磋商的口吻，诱使对方说出自己的意见。在运用启发式的谈判谋略时，谈判者应该认识到，“启发式”的关键在于“启”，而重点在于“发”。因为，“启”是“发”的方法和技巧，而“发”是“启”的目的和归宿。如果只是“启”而不“发”，则谈判就失去了意义，反之，如果

“启”之不当，则“发”非所“启”，反为人所用，同样达不到自己的目的。所以谈判中的“启”一定要注意自己的策略，它既包含了自己的潜在意图，又使对方不能不“发”。

当然，我们在谈判中，不管用“启发式”也好，还是用“诱导式”也好，最重要的一点是要善于抓住对手的心理状态，才能够对症下药。

除了弄清对手的底细之外，还有一个令人头痛的问题。有时，对方好像在向你透露他的最低目标，但是你并不能确定他说的是真是假。谈判时说出自己的底价，对方一般都不会轻易相信。同样，当对手主动说出他的底价时，我们也面临着一个进退两难的境地：到底这个信息可不可信。在谈判中经常会遭遇到这种局面，我们不知道对方的底价时，对得到的信息有所怀疑是理所当然的。

其实在谈判中这种“私人信息”本来就很可疑，不过如果你总是无法分辨谈判对手是否在说真话，再谈下去也没有什么意义，因为你总是处在怀疑之中，不敢做出决定。当然，谈判就是双方在缺乏一些关键信息的情况下进行的，就像一个智力游戏。当人们谈判的时候，总是在猜对手的最低目标和利益。

在有些条件下，我们也可以明确判断对方的最低要求。

比方说，一个房主可能会告诉我们他还没有别的买主，而且他急着把房子卖出去等钱用。我们大可相信，因为告诉我们这个对他没什么好处。于是我们就可以放心地压价了。这里有一点要提醒大家：告诉别人虚假的最低目标并不一定对你有利，因为这样有可能使对方望而却步，无法成交。假如别人送了你一个新款的CD随身听，于是你想把自己原来的卖了。二手市场的价格是400元，于是你把这个价位定为最低目标。但是你希望能够卖到600元，因为你当初买的时候花了1000元。如果有人出价450元，可是你为了抬高价钱。谎称还有一个人出价500元，其结果很有可能是对方挂断电话。所以在谈判中最好不要让对方误解你的最低目标，不管是高还是低。

◎ 用“耐心说服法”软化对方的立场

弗兰克·特恩布尔在3月份从琼斯·里尔蒂那里以每月300元的价格租到了一套房子，7月份的时候，他与同伴保罗要搬走了，这个时候，他了解到这栋房子有租金管理条例，每月租金最多233元，于是特恩布尔决定找琼斯夫人来讨回多收的租金。开始的时候，琼斯夫人拒绝接受意见，敌意很大，她说自己没有错误，指责特恩布尔忘恩负义，企图敲诈勒索。在这种情况下，特恩布尔并没有急于求成，而是对琼斯夫人进行了深入细致的说服工作，耐心地从各个方面讲道理，找根据。

特恩布尔说：“琼斯夫人，我刚刚知道，我们的房子是有租赁规定的，人家说最高价是每月233元，对不对？我和保罗都知道，你们把这套房子租给我们是对我们的照顾，对于你花费的时间和精力，我们表示感谢。但是我们要知道是否交足应付的房租，你要是能公正地说服我们应该交这么多，我们会满意地搬走。”琼斯夫人说：“你提到公正，我认为这非常可笑。你想利用仍然住在房子里这个条件来从我们这里得到钱。要是按照我的想法，你和保罗今天就应该从房子里搬走。”特恩布尔回答：“一定是我没说清楚。当然我和保罗要钱确实不错，而且我们可以一直住到你把我们赶走，但是问题的根本却不在这里。没有人愿意受到欺骗，如果我们要弄清楚谁有力量，并拒绝搬出去，那就只好去法院了。不过这会浪费很多的时间和金钱，结果会令人头疼，对于你们也一样，我想谁都不会选择这个途径吧。”

琼斯夫人说：“你不信任我吗？不管怎么样我是在帮助你们啊。”特恩布尔又说：“我们感谢你为我们所做的一切，但是这里并不存在信任问题。问题的原则是，我们是否比应付的房租多交了？解决这个问题你认为应该考虑什么？另外，能否问你几个问题来核实一下我所说的是否正确呢？比如这所房子是否有租赁规定？最高租金是否真的是233元？保罗问我这是否使我们违反了规定？在保罗签订承租合同时，是否有人告诉他这房子有租赁规定？是否有人告诉保罗他所同意的房租比规定的最高额多67元？我不明白你为什么每月向我们要300元，你要这么多钱的理由是什么？”琼斯夫人面对这么多问题，一下子不知道该从哪个问题开始回答，而且每个问题都对她相当不利。

然后双方又进行了几个回合的谈判，特恩布尔的耐心和细致让琼斯夫人难以招架，最后她不得不改变开始时候的强硬态度。在特恩布尔耐心的说服下，琼斯夫人开始变得友好，并且最终使双方关于房租问题的纠纷得到相互都满意的解决，琼斯夫人退还多收的房租，而特恩布尔和保罗在琼斯夫人认为方便的时候搬走，耐心说服法使双方皆大欢喜。

◎ 动摇对方立场的策略

冲破对手的防线是一种进攻型动摇对手立场的策略，采取的主要方式是：各个冲破、群体冲破、高层冲破。

1.各个冲破：以主持人的个人努力，采取单兵作战的手段，动摇对手的立场和认知，取得谈判的进展。

2.群体冲破：以并行多组的谈判或以集中组织做群体进攻的手段，改变交易条件，动摇对手立场，使谈判向前推进。

3.高层冲破：在决策阶层展开谈判，以全局或政治因素改变对手的立场，使谈判获得重大突破。

◎ “软纠”与“硬打”

另外，在谈判中，引导对手认识自己的错误立场，认清自己的真正利益，也是动摇对方立场的重要策略。

帮助对手认识错误是一个比较困难的过程，但并不是不能达到的，许多成功的合同就是佐证。通常的做法有：“软纠”认识错误与“硬打”人为错误。

软纠认识错误，是指对于对手因为不了解情况而无意造成的错误认识和立场，主持人应该耐心、热情而友好地予以纠正。发生这种错误的原因并不在于对手本身。所以，如果采用粗暴的态度，势必会使谈判陷入僵局，甚至导致谈判破裂。譬如：顾客在不了解商品的实际价值而要求低价购买的时候，或是对方不了解买方所在国的外汇限制，对交易的支付做出不恰当的要求时，你都要对事不对人地进行耐心的说服工作，晓之以理、动之以情。

硬打人为错误，是指对手在谈判中故意引用错误的言论，或是故意坚持明显不合理的要求。这时候，你非但不能同意他的观点和立场，而且要以严肃的态度给予抨击。这就要求主持人能够一针见血，针锋相对，直到对手认识到他的错误并承认其错误为止。

而要对手能够主动地纠正自己的错误，最好的办法莫过于让对手认识到自己的利益。这似乎是一个矛盾的问题：不但要对手接受己方所提出的条件，还要认识到接受条件是一个明智之举。事实上，从主持人的主持目标来看，在本质上双方是一致的。从我们引述的大量谈判实例我们不难看出，这种引导通常从三个角度进行：提醒对方看到既得利益，分析当前的市场形势，展望未来的市场走向。

提醒对方看到既得利益的时候，要以充分的事实和有力的依据揭示出对手已经得到的利益。从心理学的角度上讲，人的欲望是永无止境的，在谈判桌上，更是经常出现“既得陇复望蜀”的现象，因此，在提醒对方时，既表明了己方已知道让了对方多少步，又巧妙地告诉对方要适可而止。许多时候，这种提醒具有“知兵而退敌”的良好效果。

分析当前的市场形势，是指主持人充分利用己方所搜集到的有关信息资料，向对手讲明利害关系，促使对手与自己成交。

展望未来的市场走向，是指引导对手不要把目光仅仅放在一笔交易上，而是要着眼于长远的利益，从市场的前景来预测目前的既得利益。常常有这样的情况，某个大买主会引起卖主的兴趣，乃是因为该客户可以做长久的、大宗的生意；或者是某个大买主具有雄厚的技术实力、资金实力，卖主认为这是一个良好的或者理想的主顾。于是在开始的谈判中，卖主愿意做出较大的让步，即使自己吃一点亏，但要吃在明处，其目的就是在以后的交易中获得更多的利益。

◎ 用让步化解谈判僵局

当双方都坚持各自的立场时，就形成了僵局。表面上看，出现僵局并不是好现象，但是它又是谈判者常用的策略——置之死地而后生。谈判者有时候故意将谈判引向僵局，借以测试对手的实力，然后，又设法走出来，使谈判看似“山重水复疑无路”，实则“柳暗花明又一村”。

走出谈判僵局一般采用单方让步、双方让步或是中间周旋、转移阵地等几种方法。

1.单方让步：指己方或对方就造成僵局的问题主动做出有利于对手的让步，以建立继续对话的信心。这种主动一般以对自己不太重要的条件为见面礼，化解对方的对立态度，从而达到自己真正的谈判目的。

2.双方让步：指双方考虑到各种因素，愿意各让一步，使谈判得以继续的方法。这种让步可以在同一时刻或是同一天中发生。

3.中间周旋：指通过第三者（决策者、上级部门、行政管理人员等）的干预，使谈判恢复正常。在当事者双方激动之下而被迫中断的谈判，在条件差距巨大而造成谈判陷入误区的情况下，在某些条件的重要性已经超越了主持人的许可权的情况下，由第三者出面进行调停，均能有效地破除僵局。

4.转移议题：指放下陷入僵局的议题，重新开辟新的谈判议题。这有利于节省谈判时间，而且在其他议题达成共识后，再回头讨论原先陷入僵局的议题时，容易产生新的生机。

◎ “黑脸”与“白脸”策略

在谈判活动中，软硬兼施的技巧和方法也被谈判者经常运用，并借此来达到自己的谈判目的，谈判学称作“黑脸白脸法”或者“好人与坏人”法。使用这种方法，要由唱“黑脸”的“坏人”率先登场。这种谈判者表现得傲慢无理，要求苛刻，态度强硬，狮子大开口，目的是要使谈判对手对这种谈判产生极大的反感或者畏惧。但谈判双方气氛相当紧张、谈判陷入僵局的时候，由唱“白脸”的“好人”出场。这种谈判者以表面上的诚恳态度，稍做让步，“合情合理”的对待对方，表现出极其和善的姿态。

美国大富翁霍华·休斯是一个性情古怪、脾气暴躁的人，他是扮演谈判“黑脸”人物的极适合人选。有一次，休斯为了大量采购飞机，亲自与飞机制造商的代表进行谈判。由于休斯的性格和脾气以及社会地位，他的谈判风格令一般对手很难适应，而他的一些无理要求和条件经常让对手感到无所适从，这次谈判也是如此。在双方的谈判过程中，休斯不仅态度相当粗暴和恶劣，而且要求对方在契约上写明他所提出的34项要求，而且其中有11项要求是他非得到不可的，没有任何退让的余地。休斯的这种态度和条件，遭到了飞机制造商方面的反感和愤怒，对方的态度虽然并不如休斯那般恶劣，但是以及难以忍受他的谈判风格，双方开始针锋相对起来。就这样，休斯与飞机制造商的谈判代表互不相让，寸利必争，谈判充满了火药味和极不友好的气氛，很快双方的谈判就陷入了最不愿意看到的僵持局面。而由于休斯的过分强硬态度和霸道蛮横的讲话风格，导致飞机制造商的谈判代表相当恼火，直到最后发展到休斯被对方“踢”出了谈判场地，双方最终不欢而散。

但其实这种结局和场面以及对方的反应正是休斯所刻意营造的，他并未真正的想搞砸谈判放弃双方的合作，不过事已至此，双方的交易谈判休斯本人便不能再继续参与谈判了，他派出了自己的私人助理代表他本人出面与对方继续谈判，充当“白脸”的角色。再次谈判之前，休斯告诉自己的私人代表，不用非把34项要求全部争取到，只要能够争取到必须得到的11项要求就足够了。休斯的代表于是带着休斯的真正目的与对方进行谈判，他并没有采取休斯强横霸道的谈判方式，而是充当一个老好人的形象，和对方推心置腹地交流看法与思路，谈判重新回到友好和谐的气氛中，与休斯谈判的结果不同，他的私人助理很快就搞定了一切。

经过一番激烈而友好的谈判过后，休斯的代表竟然从飞机制造商的谈判代表那里争取到了休斯所希望达到的34项要求中的30项，那11项非得到不可的要求也全部包括在内。这一结果令休斯大感意外，他惊喜地问自己的私人助理何以取得如此巨大的胜利，代表告诉他：“事情很简单，因为每次谈不拢时，我都问对方是希望和我解决这个问题还是留给霍华·休斯先生跟你解决？结果对方每次都是很痛快地接受了我的要求，就这样。”

由于休斯和他的私人代表密切配合，软硬兼施，刚柔并济，成功地扮演了一出“黑脸和白脸”的精彩戏，使休斯的要求得到了最大程度的满足，为软硬兼施这一有效的技巧和方法提供了一个极好的例证。

谈判过程中使用软硬兼施、刚柔并济的技巧和方法，要注意考察谈判对手的相关情况，如果对方具有丰富的谈判经验，并且整个谈判的形势对自己不利而对对方有利，那么软硬兼施的技巧就很难达到预期的目的；反之，当谈判形势对自己有利而对对方不利的时候，特别是在谈判对手缺乏足够的经验或者谈判对手对达成协议的心情较为迫切的情况下，更容易奏效。

◎ 运用角色权力受限策略

在谈判中，如果听到诸如“你的建议的确很合理，只是我的上司不会同意”，“你出的价格，我还得请示我的公司”等，这就是在使用“有限的技巧”了。

一般在谈判中，受限制策略有“权力受限”和“资料受限”两种可以利用，我们要根据具体情况恰当地运用。

1. 权力受限

谈判者在谈判中的权力大小要取决于上司的授权，因此所拥有的权力是有限的，但恰恰因为这一点有时才能使谈判更顺利的进行。美国一位有经验的谈判专家认为，权力受到限制的谈判者比大权独揽的谈判者处于更有利的地位。谈判人员的权力受到限制，可以使其立场更坚定。精于谈判之道的人都信奉这一名言：“在谈判中，受了限制的权力是真正的权力”。

“权力受限”能够抵挡对方进攻，是因为权力受限制的谈判者可以很坦然地对对方的要求给予“不”的回答。因为任何谈判者都不能强迫对方不顾国家法律及公司政策的规定，超越权力而答应对方的要求。

相反，如果某人在谈判桌上声明，自己可以拍板做出一切决定，那么这样做就很愚蠢。其本意也许是想让对方知道其权力很大而愿意与他谈判，或者更加尊重他，但这样做等于卸掉了自己在谈判中可以利用的有力的挡箭牌。当对方提出确定而充分的理由要求让步时，就只能接受让步而不能够拒绝。

但是，只能在关键时刻使用这一策略，如果过多使用会让对方认为你没有谈判的诚意，或者没有谈判的资格。

2. 资料受限

“资料受限”当作借口，一般是在对手要求谈判者就某一问题做出详细的解释或是直接要求谈判者在某一问题上做出让步的情况下使用。此时谈判者可以用抱歉的口气告诉对方：实在对不起，有关详细资料我手头没有，或者说这资料属于本公司的商业机密，不能透露，因此暂时不能做出答复。这样，就可将对方的问题暂时搁置，轻易地阻止对方咄咄逼人的攻势。而经过一段时间，在讨论其他议题之后，对方或者已将此问题遗忘，或者为其他问题吸引而无暇顾及，或者认为这个问题已不重要，无须再提。

与“权力受限”的策略一样，“资料受限”的策略也不能多用。如果常说资料不足，对方会认为你无心谈判，或者请你将资料准备齐全后再谈判。

除了“权力受限”和“资料受限”两种方法外，还有自然环境、人力资源、生产技术要求、时间等因素可作为客观条件受限的借口，谈判者可以依据谈判的实际情况加以运用。

特别强调的是，当谈判人员发觉他正被迫做出远非他能接受的让步时，他会声明没有被授予达成这种协议的权力。这通常是谈判人员抵抗到最后时刻而亮出的一张“王牌”。在这时，双方都很清楚，这是为了不使谈判破裂。

然而，如果用直截了当的方式使用“职权有限”，这个策略还是有危险性的。因为，为使谈判得以顺利进行，就要求双方共同以适当的速度朝着预期的方向努力，要求共同交换条件，共同得到满足，共同做出让步。如果一方没有足够的权力，那么就会出现新的问题，若是一方认为可能会面临到即使无论与对方的谈判人员达成什么样的谅解，都不会被他的老板认可的局面，那其结果，一方会不得不做出进一步的让步。

◎ 向对方的报价说“不”

谈判中总有我们不能做出让步的时候，这时，我们必须学会拒绝。但是，如何去传递拒绝的信息，让对方觉得舒服呢？首先开口说拒绝的时候千万不能说抱歉，这个拒绝不是欠对方什么，而的确是从自身出发，无法满足对方的要求，所以开口的时候一定不要说抱歉。

在表达意见和感受的时候，一定要做真诚的处理，做有效的沟通，拒绝别人时也不例外。同样的一个“不”字，它通过不同的方式传递给谈判的对方，结果是不一样的。沟通中有一个漏斗原则，一般我们心里所想的可能是100%，嘴上说出来的可能是80%，而别人听到的最多60%，听懂的也只有40%，而他根据我们所说的事情去行动时就只剩20%了。因此自己心里所想的和最后对方按照我们的想法去行动的，差别很大。这就更需要用有效的方法，把“不”字传递给相应的人员。

通常认为，一切词汇中最具魅力的一个词是——“不”。这个词意味着自我、独立、尊严，是拒绝的最高境界。“不”同样可以说是谈判桌上最具弹性的一个词，不能多用，也不能不用，它可能给你的谈判带来希望，也可能带来灾难。关键在于谈判者把握好说“不”的火候。在谈判的过程中，你将会收到各种各样的建议、报盘、反报盘以及其他许许多多的提案。其中，有些可能是你同意的，有些则需进一步讨论，而有些则要求你不得不说“不”！这个“不”字，只要你说得恰到好处，是完全可能对你的谈判战略有利的。例如，在谈判过程中的许多个小声说出的“不”字，会使对方习惯了这样的回答。这时候，一旦你对他的某个建议说了个“同意”时，这个回答对他的影响可能就非常大了。因为也许他已私下认定你是个很难对付的家伙，这一声恰到好处的“同意”，将可能使你获得不应当成为现实的让步。换句话说，最后终于听到了你说“同意”所给他造成的心理上的轻松，会使他接受一些难以接受的条件。当然，为了使否定的回答不至于带有威胁性，就尽量用肯定的话讲出来。因为说“不”这个意思，毕竟还有许多别的方式。最方便的就是把你这个“不”说成“是”。例如“是呀，但是……”或者“如果……这当然是可以的了。”再或者“我非常赞成你的观点，但是……”换句话说，根据不同的情况，你的同意完全可以变成一个对方可以接受的回报。

让我们看看这个外联部主任是怎么把“不”字传达给她身边的人的。

外联部主任乔莲的办公室里，坐满了中外记者。

小青在她对面的办公室喊：“乔主任，长途电话，美联社达尔斯先生。”

乔莲拿起话筒：“噢！达尔斯，你好！”

“苏珊，我明天飞来，请你给我留个房间，当然，最重要的还是选美决赛的入场券。”

乔莲：“达尔斯，我很高兴能见到你，不过，你最好先解决入场券的问题再飞来。”

“不管这张入场券多贵，我都花这个钱！”

“达尔斯，票是免费的，但它在主办当局手里。请你直接与他们联系。”

长途电话里传来达尔斯焦急的声音：“苏珊，请无论如何帮帮忙，我会感激你的！”

乔莲：“达尔斯，我很抱歉，这次恐怕爱莫能助了。”

“房间先帮我订下，我想会有办法的。”

“好吧，再见。”

放下电话，乔莲开始对一位死缠着的香港记者说：“对不起，入场券不是我们发的，请你找主办单位。”

另一位记者：“听说有可能取消决赛？”

乔莲：“我们没有接到这方面的通知。”

乔莲走到人群中间：“诸位，我将有关于选美的消息提供给大家……”

记者们立即围过来。

乔莲：“这间饭店的店主，参加了选美的预赛，被电视台选去当电视演员……”

一个记者紧迫过来：“乔小姐，我们关心的是选美决赛的情况。”

乔莲：“选美决赛的情况会在不同时间、不同的地点由不同的人来向诸位回答，我再没有什么好说的了，再次向诸位表示抱歉。”

这位外联部长虽然说了很多话，但实际只说了一个字，那就是一个“不”字。说“不”的方法有很多，但说出“不”的意思，又不伤彼此的感情，却需要一定的技巧。

如果你掌握在适当的时候表示拒绝，你的谈判条件将会立刻增加。谈判中的拒绝，说是“技巧”也好，“艺术”也好，是指拒绝对方时，不能板起脸来态度生硬地回绝对方；相反，要选择恰当的语言、恰当的方式、恰当的时机，而且要留有余地。

◎ 用“提问”拒绝对方的报价

在一次中国关于某种农业加工机械的贸易谈判中，中方主谈面对日本代表高得出奇的报价，巧妙地采用了问题法来加以拒绝。中方主谈一共提出了四个问题：

①不知贵国生产此类产品的公司一共有几家？

②不知贵公司的产品价格高于贵国某某牌的依据是什么？

③不知世界上生产此类产品的公司一共有几家？

④不知贵公司的产品价格高于某某牌（世界名牌）的依据又是什么？

这些问题使日方代表非常吃惊。他们不便回答也无法回答。他们明白自己报的价格高得过分了。所以，设法自找台阶，把价格大幅地降了下来。所以运用问题法来对付上述这种只顾自己利益、不顾对方死活而提出过分要求的谈判对手，确实是一服灵丹妙药。

所谓问题法，就是面对对方的过分要求，提出一连串的问题。这一连串的问题足以使对方明白你不是一个可以任人欺骗的笨蛋。无论对方回答或不回答这一连串的问题，也不论对方承认或不承认，都已经使他明白他提的要求太过分了。

◎ 拒绝时可以给对方一定的补偿

有一个时期，市场上钢材特别紧张。有个专门经营成批钢材的公司生意非常兴隆。一天，公司经理的好朋友来找他，说急需一吨钢材，而且希望价格特别优惠，要求比市场上的批发价还低百分之十。公司经理因为过去的亲密友谊，实在无法毫不留情地加以拒绝，所以就巧妙地用补偿法来应对。他对朋友表示，公司经营钢材是以千吨为单位的，无法拆开一吨来给他，不过总不能让老朋友白跑一趟，所以他提议这位朋友去找一家专门经营小额钢材的公司，这家小公司与他们有业务往来，他可以给这家小公司打招呼，以最优惠的价格（毫无疑问，这一“最优惠”的含义是模糊语言，因为再优惠也不会比市场批发价低百分之十）卖给他一吨。这位朋友虽然遭到了拒绝，但因为得到了“补偿”，所以拿着他的条子，高高兴兴地去找那家小公司，最后以批发价买了一吨钢材。

补偿法就是在拒绝对方的同时，给予某种补偿。这种补偿往往不是“现货”，即不是可以兑现的金钱、货物、某种利益等，相反，可能是某种未来情况下的允诺，或者提供某种信息（不必是经过核实的、绝对可靠的信息）、某种服务（例如，产品的售后服务出现损坏或者事故的保险条款等）。这样，如果再加上一番“并非己所不为而乃不能为”的苦衷，就能在拒绝一个朋友的同时，继续保持你和他的友谊。

◎ 提出条件拒绝对方

赤裸裸地拒绝必然会恶化双方的关系。不妨在拒绝对方前，先要求对方满足你的条件：如对方能满足，则你也可以满足对方的要求；如对方不能满足，那你也无法满足对方的要求。这就是条件拒绝法。

这种条件拒绝法往往被外国银行的信贷人员用来拒绝向不

合格的发放对象发放贷款。

这是一种留有余地的拒绝。银行方面的人绝不能说要求借贷的人“信誉不可靠”或“无还款能力”等。那样既不符合银行的职业道德，也意味着断了自己的财路，因为说不定银行方面看走了眼，这些人将来飞黄腾达了呢？所以，银行方面的人总是用条件法来拒绝不合格的发放对象。

拒绝了对方，又让别人不对你发火，这就是条件法的威力所在。

◎ 以理服人策略

运用以理服人的谈判技巧，关键是要观点正确，要具有科学性和逻辑性，同时，论证要真实可信。只有如此，才能取得谈判的成功。

日本经营之神松下幸之助在与荷兰菲利浦公司的谈判中，也是运用以理服人的谈判技巧，迫使菲利浦公司认可3%经营指导费的。松下幸之助介绍说：

“人们对于那些看得见摸得着的东西比较容易判断其价值，而要认识无形的东西的价值则十分困难。但是，正确认识无形的价值是非常重要的，在事业上也是如此。经营活动本身虽然不能以数量来衡量，但它却是可以被判明价值的。除了软弱无力、毫无成效的经营，大凡真正的经营都能取得辉煌的成果。它能促进企业的发展，提高员工的福利，进而推动国家和社会的进步与发展。只是我们尚未正确认识到这种经营的价值罢了。1952年，松下电器公司计划与外国企业进行电子方面的技术合作，为了寻求合作对象，我前往美国和欧洲各国进行实地考察。经过调查了解，我发现美国在规模及其他方面与日本相去甚远，其先进的技术对日本不大合适。而荷兰这个小国的国情倒与日本相似，并且荷兰的菲利浦公司也是60年前靠个人起家逐渐发展壮大的，其发展史与松下电器公司相似。

“因此，我决定选择菲利浦公司作为松下电器公司的技术合作伙伴，并且立即开始谈判。谈判中遇到的一个最大的问题，就是菲利浦公司索要高达6%的技术指导费。这个数目与美国公司的3%相比要高出1倍。菲利浦公司坚持提取如此高的技术指导费，似乎有着不可辩驳的理由。他们认为，其责任心之强是美国的公司所不能比拟的，即使同美国公司合作没有成效的项目，改同菲利浦公司合作后，也一定会成功。以往的合作业绩就是最好的证明。菲利浦公司遍布世界48个国家的工厂，无一不是成功的典范。面对菲利浦公司的这种自信，大多数谈判对手往往把目光从提成6%这一苛刻的条件上挪开，转而注视菲利浦公司的雄厚实力，并且暗自庆幸能与它合作。实际上，任何人经过冷静的思考，都会对6%这个数字望而生畏。我虽然感到技术指导费的要价太高，不能接受，但仍然认为菲利浦公司是个理想的合作对象，而不愿放弃这个机会。当然，我对迫使对方降低条件也充满信心。

“通过认真的分析，我悟出了一个道理：无论美国的公司，还是菲利浦公司，它们的技术本身并没有多大差距，差距仅仅在于技术以外的其他因素，即运用自己的技术取得成功的能力。甚至可以这样说，它们的技术输出能否获得成功，在很大程度上取决于引进技术的国家、公司内部情况的优劣及其经营能力的高低。这就好比教师和学生，即使教师的教学水平再高，由于学生的接受能力参差不齐，其教学效果也会各不相同。菲利浦公司要求提取6%的技术指导费，无异于在表明其教学水平高，但是他们显然忽视了我们松下公司作为学生的能力因素。根据这一认识，我对菲利浦公司方面说：‘与我方合作，获得成功的概率将大大超过你方以前同任何公司的合作。假设与其他公司合作的成功率为100%，那么同我方合作的成功率将是300%。我们松下电器公司既然有如此高超的经营指导能力，那么，提取3%的经营指导费就是理所当然的了。而菲利浦公司的技术援助费则应降为4.5%。’对方还是第一次听说经营指导费，显得十分惊讶，随之提出了种种反对意见。但是，由于我方耐心说服，以理服人，对方很快表示理解。最终，双方按我的条件，以4.5%的技术指导费对3%的经营指导费达成了合作协议。于是，由我们两家公司资助指导的松下电子工业公司便应运而生。”

运用以理服人的谈判技巧，特别应注意论证的逻辑性，而对方的失败则在于论证没有逻辑性：“设计理论依据具有权威性，就会使产品具有权威性。”这种逻辑不成立。因此可以说，以理服人的技巧利用不当，会让对方抓住把柄，处于谈判的不利地位。这是千万应当注意的。

◎ 太快的让步对你不利

在商务谈判中，有些谈判者仅仅根据自己的喜好、兴趣、成见、性情等因素使用让步策略，而不顾及所处的场合、谈判的进展情况及发展方向等，不遵从让步策略的原则、方式和方法。这种随意性导致让步价值缺失、让步原则消失，进而促使对方的胃口越来越大，最终己方在谈判中丧失主动权，导致谈判失败，所以在使用让步策略时千万不得随意而为之。

有一次，一家美国公司和一家日本商社谈判，内容包括两方面：一是继电器；一是晶体管集成电路技术。由于双方在这个问题上分歧很大，眼看谈不下去了，就在双方即将结束谈判，日本人准备次日回国时，美方当晚由总经理出面设晚宴招待日本商社社长，以挽回局面。由于日方对继电器问题态度强硬，美方出于对自己利益的考虑，决定在此问题上做出一定让步，一则解除日方疑虑，缓和气氛，打破谈判僵局；二则鼓起日方的积极性，留住日方，使日方在晶体管集成电路技术方面也做出相应退让，一鼓作气完成谈判。这一招果然成功。在宴会上，两方领导人经过谈判顺利地实现了以上两个目标，而且把总的价格也谈定了，保证了谈判效果。

由此可见，让步时机的重要性，如美方过早地做出让步，则日方一定会认为美国“底气不足”，继而要求在晶体管集成电路技术上美方也得做出让步。如真是那样，那么美方即使达成协议，也将遭受一笔不必要的损失。但如美方坚决不让，那么第二天日方回国，这两笔生意就“泡汤”了。

事实上，太快的让步反而容易使你不受欢迎。如果有人向你推销产品或者服务，要价10万美元，你第一次还价5万美元，他马上接受了，那么你反而会对这个人产生更多的怀疑。一方面，你可能为取得这么低的价格而高兴；另一方面你又怀疑在交易中的其他问题上是不是他也同样地夸大其词。

正确地掌握提议与反提议的时机，使谈判在双赢的前提下朝着更有利于自己的方向发展也至关重要。那么，什么时候才是提议与反提议的最佳时机呢？

1.先发制人。在洽谈中，如果觉察到对方马上就会提出某种反对意见，最好是抢先提出问题，给予说明和解释。这样做有以下几个好处：第一，可以争取主动，避免纠正和争论对方的意见；第二，你的真诚直率，不隐瞒自己的观点，可能会赢得对方的信任；第三，主动说明比对方提出意见后争论更委婉，可以使谈判气氛融洽；第四，直接阐述问题，可以节省谈判时间。

2.即时答复。一般来说，即时答复对方提出的反对意见是最合适的。只要意见是正当的、可以答复的，都应立即答复，从而使谈判集中解决某些实质性问题。答复得当，可以使谈判者争取主动。

3.推迟答复。谈判者在遇到下列情况时，一般都应推迟答复：如果不能当即给对方一个满意的答复，或对方提出的反对意见较难解答；如果当即回答会对你阐明的论点产生不良影响；对方提出的反对意见有可能随着业务洽谈的进行而逐渐减少或者消除；如果当即回答、进行反驳会破坏谈判的融洽气氛；对方的反对意见离题太远，或者同你准备进行说明和解释的某一点有关，或者对这种反对意见的说服会牵扯到一些对谈判意义不大的问题等。

4.不予理睬。对方由于各种原因（如心情不好、处境不佳等）往往会提出一些与谈判内容毫不相干的意见、借口甚至恶意反对的意见，谈判者最好不予理睬，不要加以反驳和进行说服，因为这些问题不是真正的反对意见，不反驳也不会影响谈判结果。

◎ 强调对方的利益

当电灯泡第一次被某公司制造出来时，这个公司的董事长亲自到各地去推销，他希望这个新产品能顺利进入各个市场。

在面向各个代理商的产品推介会上，这位董事长说："本公司多年来努力研究和制造的成果——电灯泡，终于问世了，这个产品将对人类的生产和生活有很大的用途。虽然，我公司现在制造的产品还称不上一流，只能算是二流产品，但是，希望各位以一流产品的价格向我公司购买。"

董事长的一席话，引起了各代理商的疑问。大家都认为董事长是不是说错了，为什么二流的产品要用一流的价格买呢？要是这样的话，还有谁愿意和他做生意……

看到大家疑惑的表情，董事长继续说："大家听我把话说完。目前，能制造出一流灯泡的厂家全国只有一家，而他们已经垄断了整个市场，如果他们任意提高价格，大家也没有办法，还是要从他们那里买，对不对？如果有和他们产品同样优良的产品出售，而价格又比他们的产品便宜，对于在座的各位是不是好事呢？”

代理商们的表情有一些变化，开始明白董事长的话了。他又说道：“好比拳击比赛，实力相当的两位选手的较量才精彩。只有一位拳王站在台上，比赛就无法进行。现在，灯泡制造业中就好比只有一位拳王站在台上，没有任何对手。对于你们来说，既没兴趣也没多少利润，如果有一位实力相当的对手和他竞争，将会有更低廉的价格且更优良的质量的产品出现，大家能得到的利润也就更多。”

台下一位代理商说：“说的没错，但是，现在并没有可以和拳王竞争的人呀！”

董事长笑笑，胸有成竹地说：“这位竞争者就由我们公司来充当吧！刚才和大家说过，我公司的产品只能算是二流产品，这是因为公司的资金不足，无法进行技术突破。大家如果能用一流的价格购买我公司的产品，公司将得到很多利润，而这些利润会用到技术的改良上。请各位相信，不久的将来，我公司一定会制造出一流的电灯泡，拳击台上也将有两个拳王，竞争的出现一定会提高品质、降低价格。到那时，各位不仅能买到物美价廉的产品，我也要好好谢谢大家。所以，请各位现在帮忙培养另一位拳王，助我公司渡过难关，以一流的价格买二流的产品吧！”

掌声响起来，代理商们理解了这位董事长开场时看似无理的要求。谈判结束，这家公司得到了很多订单。一年后，高质量的电灯泡研制成功，并以低廉的价格上市。

例子中的董事长可谓是敢想、敢说、敢做，完成了一项看似不可能的任务。找到自己的首要利益，利用对方对长远利益的渴求，在利益的交集中，让对方放弃眼前利益，而自己得到眼前利益和长远利益，使正在进行的谈判取得单赢，而将来的谈判取得双赢。

不得不佩服这位董事长的远见和口才，这场谈判最大的赢家是董事长代表的电灯泡厂，二流的产品卖出了一流的价格，企业得到长足发展的资金，也得到了与一流企业竞争的可能。这些代理商们帮助的不只是二流产品卖出一流价格，更帮助了一个二流企业变成一流企业。

董事长的话既生动又有说服力，给代理商们表述了一幅美好的前景，让他们为了美好的将来，而在这场谈判中付出更多的利益。董事长想要什么？想要企业发展，想要得到大量的利益。代理商们想要什么？他们想要更低廉的价格，但是，在这场谈判中，代理商们的愿望无法达到。董事长就给他们找到一个可以达到这个理想的方法，那就是：先助我们成功，助我们成为一流企业，只要竞争一出现，你们的目的也就达到了。想在将来买到价格更低的灯泡吗？那就在这次谈判中付出得多一点。于是，董事长不仅在这次谈判中拿到了自己想要的，还让代理商们高兴地花一流的价钱买二流的产品。

1921年，美国西方石油公司董事长兼总经理哈默得知苏联正在实行新的经济政策，鼓励吸引外资。经过分析，哈默认为苏联现在最缺粮食，而美国正是粮食大丰收，并且苏联有白金、宝石、皮毛等美国需要的东西。于是，哈默出发了，下定决心到苏联去赚一笔。

刚抵达莫斯科的哈默就受到了列宁的接待。交谈中，列宁提出希望哈默在苏联办企业，在苏联投资，但哈默没有回答。西方对苏联充满敌意，对其新经济政策进行恶意宣传，哈默受不真实宣传的影响，再加上对苏联情况的不了解，投资、办企业当然不敢轻易答应。

列宁看穿了他的心思，将苏联新经济政策的目的讲给哈默听，让哈默明白了苏联希望建立一种给外国人以工商业承租权的制度，来发展其自身的经济，而美国和苏联之间有很多可合作的领域，苏联虽然经济落后，但有大量未开采的资源，而美国有先进的技术和人才。列宁还拿出一本杂志《科学的美国人》，用其中的图片和介绍来肯定美国人取得的进步，告诉哈默现在的苏联就像美国的开拓期，需要有资金、有勇气的商人。看到哈默还是不放心，列宁又告诉他，为了给在苏联投资的外国商人提供帮助，政府将专门组成特别委员会，为了保证在苏联投资的企业家获得利益，还会确定一些对外国投资者有利的条件。听到这里，哈默的担心都被消除，没多久他便成为了第一个在苏联投资、办企业的美国人，并在这里得到了大量的利益。

苏联要的是发展经济，成为强国，而美国商人哈默要的是在苏联投资和办企业的安全和有利可图。

在这个例子中，了解对方的信息和利益点是关键，将己方想得到的与对方想得到的结合到一起，在维护自己利益的基础上，找到合作的交集。

◎ 不要使自己陷入争论

甲、乙两公司因合作中出现的问题而进行谈判。甲公司代表一开口就用大量的数据和合同条款的规定证明出现这样的问题完全是乙公司的错，乙公司应该全权负责。话还没讲完，乙公司的代表拍案而起、大声反驳，也拿出证据证明甲公司应该负责。两公司的代表各不相让，越吵越凶，谈判不得不暂停，代表们的情绪都非常激动。几天后，谈判重开，但由于上次的不愉快使大家还耿耿于怀，所以，这次依然是以争论开始，以争论结束，几个小时一无所获。

两公司见情况演变成这样，只好更换谈判代表再次进行谈判。吸取了上两次的教训，新代表们心平气和地坐下来，对问题造成的影响和带来的损失进行了评估，再根据合同和具体情况将责任分清，双方一同制定了解决方案，谈判才终于有了结果。

争论，就是站在自己的立场上指责对方，对方也站在他自己的角度上指责你。上面的例子中，两公司的争论是甲公司挑起的，但是乙公司同样有责任。合作中出现问题时，双方都有义务找出原因，并努力解决，力求把损失降到最低，而不是互相推卸责任。

这样的谈判最易出现争论的情况是：双方都要努力证明自己没有错，错是对方的。但是，这对解决问题毫无帮助，只会使问题进一步扩大。本来一次谈判就可以将责任分清、找出解决之法，可偏偏要谈三次。不顾问题还有进一步扩大的可能，只顾将“烫手的山芋”扔给对方，让两个公司都白白损失了大量的人力和时间，值得吗？争论造成的结果往往都不会比心平气和坐下来谈判带来的结果好。

上面的争论没有实现问题的解决，看看它带来了什么：不愉快、耿耿于怀、再一次的争论。大部分人都不愿意承认对方说得有道理，只希望对方能听他的，可如果双方都是这样，还如何交流？没有交流，问题还是问题，不会停止它继续扩大的脚步。没有交流还好，再加上争论，只会加快问题扩大的速度，或者又添了新的问题。双方谈判代表由于争论增加了对对方的厌恶感和不合作的情绪，使双方的情绪在第二次谈判又继续失控。还好，两公司的领导控制住了事态的发展，及时更换了谈判人员，使谈判回到正确的轨道上来，才避免了更大的损失。

美国前总统约翰·肯尼迪说过："我们绝不会因为害怕而谈判，但也绝不会害怕谈判。让我们一起探讨那些把我们联系在一起的问题，而不是为那些让我们对立的问题喋喋不休……"

如果双方已经开始争论，那么，不如找个其他的话题，缓和一下现场的气氛，使双方都静下心来；或者暂时停止谈判，一起坐下来喝杯咖啡，等争论造成的情绪缓和，双方的关系不那么对立后，再重新开始谈判。

谈判中避免自己陷入争论最主要的是学会控制情绪，当双方出现不同意见时，能尽量平静对待。

如果得知对方的谈判代表是比较容易发火的人，为了避免争论，最好选择"好脾气"的代表前去"应战"。

谈判中要控制自己的情绪不去争论，更要想方设法控制对方的情绪。争论是双方的事，就像一个手掌怎么也无法鼓掌一样。当对方情绪激动、说话大声时，控制你的情绪，让他觉得这次争论没有意思，甚至可以暂时顺着他说，让他高兴，待他平静了，谈判回到正常轨道后，再一步步提出自己的观点。

有些谈判可能会用争论作为一种手段。这时，争论对于我方来说就像“演戏”。当这种情况发生时，千万不要“入戏”太深，也就是说要“争论”，但是不要让自己真的陷进争论之中。

◎ 有变化地反复说明

在“单打一”或“以多对多”的谈判中，最适合采用的谈判策略，就是攻击要塞。

谈判对手不止一人时，实际上握有最后决定权的，不过是其中一人而已。在此，我们姑且称此人为对方首脑，称其他的谈判副将们为对方组员。对方首脑是我们在谈判中需要特别留意的人物，但也不可因此而忽略了组员的存在。

有的时候在谈判中，无论你怎样使尽浑身解数也无法说服对方首脑，在这种情况下，就应该转移目标，向其组员展开攻势，让他们了解你的主张，进而凭借他们来影响对方首脑。该过程也许较一般谈判辛苦，但是，不论做任何事，最重要的就是要能持之以恒，再接再厉，始能获得最后的成功。

当无法说服对方首脑时，就要另辟蹊径，把攻击的矛头指向对方组员。这正如古时候的攻城略地一般，只要先拿下城外的要塞，就可以长驱直入了。

攻占城池，要先拿下对城池具有保护作用的要塞，如此一来，就能如入无人之境了。同理，在无法说服对方时，便应改弦易辙，设法通过对方组员来动摇对方首脑的立场。

使用攻击要塞战术时，关键在于“有变化地反复说明”。

很显然，对方首脑已经不止一次地听过了你的主张，而现在，如果要再拿同样的话对其组员展开游说，那么他们很可能感觉索然无味。因此，目的虽然相同，但是，在反复说明的过程中，就要特别留意其中的变化性，以免收到反效果。

另外还应注意的是，即使你已经认真地说服了对方组员，但是，这却不能保证对方组员也会像你认真地说服他们般的去说服其首脑。若是对方组员不肯这么做，即使你用尽了全力，攻击要塞战术还是难以奏效的。

◎ 善用你的优势

如果你巧妙地运用你的长处，你所得到的利益会大得令你惊奇。

一位英国商人很不幸地欠了一位放高利贷者一大笔钱，但自己无法还清他的借贷。这意味着他不仅将破产而且必须长期孤独地被关在地方债务人监狱里，然而，高利贷者提供了另一解决方法。他建议，如果此商人愿意把他年轻的漂亮女儿嫁给他，那么债务就一笔勾销，以作回报。

这个高利贷者既老又丑，而且声名狼藉，商人以及女儿对这建议都很吃惊。不过此放高利贷者是个狡猾的人士，他建议唯一公平解决的途径是让命运做决定。他提出了以下的方法：他在一个空袋子里摆入两颗鹅卵石，一颗是白的，一颗是黑的。商人的女儿必须伸手入袋取一颗鹅卵石。若她选中黑鹅卵石的话，就必须嫁给他，而债务也算偿清了。若她选中一颗白鹅卵石的话，那么就没什么可谈的了，她的父亲就必须被关在债务人监狱里。

商人以及他的女儿不得已只好同意。放高利贷者弯下身拾取两颗鹅卵石，放入空袋。商人的女儿用眼角斜视到这个狡猾的老头儿选了两颗黑鹅卵石，似乎她的命运已经判定了。

你不得不同意，她几乎没有强大的谈判态势可言。的确，放高利贷者的行为极不道德，但是假如她拆穿他的伎俩，采取强硬立场，那么她的父亲必进监狱。如果她不揭穿他而是选了一颗鹅卵石的话，那么她就必须嫁给这位丑陋的放高利贷者。

故事中的女孩子不但美丽，也很聪明，她了解自己，也了解她的对手。她知道她的对手是一位不择手段的狡猾者，她也知道根本不可能与他硬碰硬地较量机智，最终解决之道必须由她扮演甜美可爱、天真浪漫的少女角色。

了解对策之后，她把手伸入袋子，取了一颗鹅卵石。不过，在将可判定颜色之前，她假装笨拙地把鹅卵石掉到了地上，很快地与地上其他的鹅卵石混在一起，无法辨别。“哦！糟糕。”女孩惊呼，继而说道，“我怎么这么不小心，不过没有关系，先生，我们只要看看在你袋子里所留下的鹅卵石是什么颜色，便可知道我所选的鹅卵石的颜色了。”

仔细地衡量相关因素之后，决定好策略，女孩运用技巧使自己赢得了有利的位置。她揭穿了高利贷者不道德的行径，结果可以和她已偿清债务的父亲回家。故事中的女孩成功了，因为她在判定比赛规则对她不利的情况下巧妙地利用了游戏规则。简单地说，女孩的远见使她能转劣势为优势。

你可以利用你的智慧，集中你的优势攻击对方的薄弱点，这或许是你谈判成功的最有效捷径。

CHAPTER 6

谈判实战（四）：收局的艺术

经过一番讨价还价后，谈判就进入了收尾阶段，这也是谈判的最后一个阶段。在这一阶段，双方已经基本确定了各自的条件，提出了最后提案，达成了一定的让步和妥协，距离成交和签约越来越近了。

“谈判桌上的结果完全取决于你能在多大程度上抬高自己的要求。”

——美国前国务卿　亨利·基辛格

◎ 向对方发出成交信号

谈判人员使用的成交信号通常有以下几种：

（1）谈判人员用最少的言辞阐明自己的立场。谈话中表达出一定的承诺意思，但不包含讹诈的成分。

（2）谈判人员所提出的建议被认为是完整的，绝对没有不明确之处。这表示，如果他的建议不被接受，除非终止谈判，否则没有别的出路。

（3）谈判人员在阐明自己的立场时，完全是一种最后决定的语调，坐直身体，双臂交叉，文件放在一边，两眼盯着对方，不卑不亢，没有任何紧张的表示。

（4）回答对方的问题尽可能地简单，常常只回答一个“是”或“否”，使用短词，很少谈论据，表明确实没有折中的余地。

（5）一再向对方保证，声称此时结束谈判对他最有利，并告诉他一些好的理由。

发出这些信号，目的在于推动对方脱离勉勉强强或惰性十足的状态，设法使对方行动起来，而达成一个承诺。

◎ 把握对方的成交信号

优秀的谈判家总是富于警觉，善于感知他人态度的变化，从种种迹象中判定成交的势头。

有些成交迹象是有意表示的，有些却是无意流露的。如果你的谈判对手问你："你们多快能将货物运来？"这就是一种有意表现出来的感兴趣的迹象。他告诉你成交的时机已经到了，即使你的推荐还没有完结，也不需要再啰唆了。

谈判对手的另一些话也能提醒你成交的时间。当他询问价格时，就说明他兴趣极浓；当他询问条件时，就说明他实际上已经要成交了。

以上都是有意表示出来的成交迹象，而那些在无意中表现出来的成交迹象，就需要你去及时发现了。

谈判对手的兴趣是一盏指示灯。由于你的精彩介绍，他的兴趣被逐渐煽动起来了，变成了火焰般的成交欲望，他的冷漠态度渐渐隐去，取而代之的是越来越浓厚的兴趣。他坐在椅子上探过身来，眼睛里少了许多怀疑或敌对的神色。

对你来说，你的对手的双手也是个信息的窗口，因为这双手是张开的或是握起来可以代表他的思想状况。只要他还未被说服，不想成交，他的思想和双手都是闭合的；当他的心扉已经打开，紧张的思想松弛下来时，他那紧握的双手也会松开。

此时，他的嘴角和眼角的肌肉同样会表示出思想和态度的转变。他不再紧张时，耸起的双肩也可能会低落下来。

判定成交迹象，特别需要有敏感的观察力。

有一个卖冰箱的年轻售货员在这一点上有深刻的教训。他过于炫耀自己掌握的商品知识，想充分展示推荐技巧，结果错过了成交机会，丧失了一位潜在的顾客。

这位潜在的顾客是和两个朋友一道走进商店的，他要买一台电冰箱作为结婚周年礼物送给妻子。售货员介绍了没几分钟，一位朋友便对那位顾客讲："好极了，这台冰箱正适合你的需要。"另一位朋友表示赞同，那位顾客也点了点头。

可是这个蹩脚的售货员并不理会如此的成交迹象，而是继续介绍商品。

后来，买主又表示出好几个强有力的成交迹象，而那个所谓的售货员还在往下讲，直到那三个人离开商店去别处选购他仍在夸夸其谈。

由此可见，谈判者必须密切注视对方，理解他发出的各种成交信号，他的语言、面部表情和一举一动都能告诉你他在想什么，你应当立刻抓住时机。

◎ 谈判的假性败局绝处逢生

谈判进入终局阶段，可能有三种谈判结果，即假性败局、真性败局和和局。

所谓假性败局，就是指谈判各方在谈判过程中，经过一再讨价还价之后，由于种种主客观原因，未能达成协议，谈判暂时中止。从表面上看，谈判已经结束，但却存在重新谈判的可能性，双方仍然有共同的利益可能通过谈判来解决。

所谓真性败局就是谈判破裂，双方经过最后的努力仍然达不成协议，或友好而别，或愤然而去，最终结束谈判。

导致谈判败局的主客观原因是多种多样的，主观原因主要包括：尚未找到协调双方利益差异的方案、理解上的障碍导致不能正常沟通，或者是感情及习惯、语言上的障碍等。客观原因主要包括：谈判不具备履约条件、谈判缺乏价值、多角谈判等。出现谈判败局，谈判者就应找准原因，判定该败局是真性的还是假性的，除了确属客观条件制约、无法恢复的谈判外，谈判者应该积极主动地寻找时机，重新谈判。

一个百科全书推销员在对准备离去的顽固的可能买主说："今晚我来这里，原以为会碰上一个真正关心子女的家庭。我看我是错了，真遗憾！"这是推销员在对已经出现的假性败局的极力挽救。如果可能买主对这一诱饵做出反应，买卖还可以重谈。

使谈判的假性败局绝处逢生，最需要的是谈判者锲而不舍的顽强精神。这就是说，你必须不止一次地争取成交。在精心准备介绍和说服活动时，应当设计好几种成交法，如果头一次努力没有成功，下一次努力也可能产生较好效果。

一位成绩斐然的推销员说，头一次提出成交要求就获得成功的买卖，在他所做成的所有买卖之中只占1/10，他在签合同之前早做好被拒绝一次、两次、五次、七次，甚至十次的准备。他根本不怕遭到拒绝，那样反而能增加他进一步争取成交的动力。

在遭到拒绝时仍具有毫不退缩的精神，这是所有谈判者争取胜利必须具备的一个素质。当对方说“不”时仍坚韧不拔才会有助于你的工作。

卡里森就是这种锲而不舍的人。他千方百计要把自己的阀门出售给芝加哥的一家糖果厂，而这个厂使用另一个牌子的阀门已经有25年的历史了。

一天，在吃午饭时，卡里森截住糖果厂的总机械师，说下午2点要去见他。

2点刚过，总机械师气冲冲地走进客厅，用愠怒的目光瞪了卡里森一眼。卡里森慌忙请他坐下，开门见山地问：“您用的阀门漏不漏？”

“买阀门不是我的事！”总机械师高声嚷道，“你去找总工程师！”

卡里森装作没听见他的话，继续问：“什么设备上的阀门泄漏最多？”

“焦糖蒸汽罐上，”总机械师不情愿地承认，“但我无权购买任何阀门。”

这时，卡里森已经开始展示自己的样品，他把阀门拆开让总机械师看：由于在特硬底座和堵盘之间垫的是修剪好的薄钢片，因而阀门可以做到绝对密封。“你们的焦糖蒸汽罐上使用多大尺寸的阀门？”

“3/4英寸的，”总机械师回答，“但我已经告诉你——我什么阀门也不能要。”

卡里森根本不听此话，却对陷入困惑的总机械师说：“你写一张请购单，就说需要一只3/4英寸的实心阀门，进屋去向你们采购员要一张订单。然后你就会看到阀门的泄漏问题将会彻底解决。快去吧！”

总机械师走进屋子，为那一只试用的阀门拿来订单。

卡里森在几分钟之内做到了他们公司其他销售人员25年来未曾做到的事。只要对方说“不”时，他的耳朵就会自动堵上。

在商务谈判中，锲而不舍、坚韧不拔往往能开辟一片新天地！一个谈判高手总是有这样的信念：“山重水复疑无路，柳暗花明又一村。”

◎ “战战兢兢”的收局策略

战战兢兢策略是一种形象的说法，它实际上是指在即将签署谈判协议时，突然放下笔要求修改某项条款从而使对手让步。这种策略一般应用在即将达成协议时，谈判双方情绪都很高涨，并耗费了大量的时间和精力，已经做好了返程准备的情况下。采用这种策略，可以榨取对手更多的让步。

当对达成协议的热切期望蒙蔽了谈判一方的理性时，另一方便有机可乘。在交易即将达成，双方已经提笔准备在合同上签字时，突然，谈判一方战战兢兢地放下手中的钢笔，说道：“我觉得我们对第八条还不是很满意，因为这条可能让我们受到价格浮动的影响。如果您愿意在合同中解决这个问题，我们现在就可以签署合同。”如果谈判的另一方迫切希望达成协议，并且能够接受让步，他们可能就会做出足够的让步，从而让另一方的笔重新回到合同上来。但是，不难想象，对方可能会故技重施，迫使谈判对手不断让步。

◎ “得寸进尺”的收局策略

得寸进尺策略是一种比战战兢兢策略更过分的策略。它是指在谈判中，对方总是提出这样或那样的小难题，阻碍整个谈判的进程，使己方不断解决问题，而一个问题刚解决，另一个又接踵而来，而这些小问题的解决也正是己方的让步。

对应这种策略的解决办法是要求谈判对方一次提出所有剩余的“小难题”，己方才予以进行回应；或是坚持只能就包括在当前谈判范围之内的条款进行讨论，否则就必须重新审查谈判范围，并对涉及的其他条款进行相应的调整。这样一来，就会使“得寸进尺”策略的使用者处于一种尴尬的境地。因此，对谈判对手提出的问题绝不能逐一解决，否则只要你越显得愿意满足对手，对手就会越贪得无厌。

◎ “设定最后期限”的策略

在美国某乡镇有一个由12个农夫组成的陪审团。在一次案件的审理过程中，陪审团中11个人认定某被告有罪，只有1个人表示了不同的看法，认为该被告无罪。由于陪审团的判决只有在其全体成员一致通过的情况下才能成立，于是陪审团中认定被告有罪的这11个人花了将近一天的时间劝说表示不同看法的那个人。此时，忽然天空中乌云密布，眼看一场大雨就要来临。那11个农夫急着要在大雨之前赶回去，收回晒在外面的干草。可是，持不同意见的这位农夫仍然不为所动，坚持己见。那11个农夫急得像热锅上的蚂蚁，他们的立场开始动摇了。随着“轰隆”一声雷鸣，那11个农夫再也等不下去了，转而一致投票赞成持不同意见农夫的意见：宣判被告无罪。

通过这个故事，我们并不是想说这个乡镇的陪审制度有多么不合理，也不想说明陪审团成员有多么的不负责任，而是要说最后期限在谈判中的作用。本来，在12名成员中，有11名成员主张被告有罪，只有一人认为被告无罪，双方因此发生争执。按理说，11个人的力量要比1个人的力量大。可是由于那1个人坚持己见，更由于大雨的即将来临，使那11个人不经意中为自己下了一个最后期限——下雨之前，迫使自己最终改变了看法，转而投向另一方。

德国某大公司应日方邀请去日本进行为期四天的访问，并将以草签协议的形式洽谈一笔生意，所以双方都很重视。德方派出了由公司总裁带队，由财务、律师等部门负责人及夫人组成的庞大代表团。代表团抵达日本时受到了热烈的欢迎。在前往宾馆的途中，日方社长夫人询问德方公司总裁夫人：“这次是你们第一次光临日本吧，一定要好好玩玩。”总裁夫人回答说：“我们对日本文化仰慕已久。真希望有机会好好领略一下东方悠久的文化和风土人情。但是，实在遗憾，我们已经订了星期五回国的机票。”结果，日方把星期二、星期三全部时间都用来安排德方的观光游览，星期四才开始洽谈。此时，日方又搬出了堆积如山的资料，"诚心诚意"地向德方提供一切信息，尽管德方人员竭尽全力寻找不利于己方的条款信息，但仍有6%的合同条款来不及仔细推敲，就已经到了签约时间。德方进退维谷，不签约吧，如此高规格、大规模的代表团兴师动众来到日本，空手而归，显然名誉扫地；签约吧，还有一些条款没有仔细推敲，肯定问题不少。时间紧迫，在百般无奈的情况下，德方代表团选择了后者，接受了不利于自己的全部条件。可见日本人很善于运用限定期限的谈判策略。

巧用期限艺术，限定期限是谈判中经常用到的谈判技巧。利用期限给对手设定一个心理底限，它能推进谈判顺利进行，尽快成交。

为了更好地运用限定期限的谈判策略，必须注意以下几点：

（1）既然大多数让步和决议是在截止期，甚至截止后出现的，所以要有耐性。真正的强者要具有能忍受紧张压力的耐性，既不逃避，也不争吵，学会控制自己的自卫反应，冷静而机警地等待有利时机到来，再开始行动。一般来说，耐心总会得到好处的。当你不知道应该做什么的时候，最好的办法就是什么也不做。

（2）在商务谈判中，自己的最佳策略就是别向对方暴露实际截止期。永远记住：截止期比人们所认为的要更加灵活。永远不要盲目地就范于截止期，但要考虑一下接近或超过截止期会带来什么危害。

（3）即使对方表现得平静而冷淡，但他们总是有一个截止期的。在大多数情况下，他们外表的平静是为了掩盖内心的极大紧张和压力。因此，在不能保证对自己有利时，切勿草率行事。一般来说，快是得不到最佳结果的，只有慢慢地坚持不懈才能取胜。往往在临近截止期时会发生权力突变，从而带来创造性的解决办法，甚至会出现对方改变立场的情况。人是不可能改变的，但是随着时间的推移，情况却是可以改变的。

以下三个问题能帮助你躲开最后期限的陷阱：

（1）不管是个人还是公司的最后期限，自己是否会因为这些限制而使谈判发生困难？

（2）自己或公司的最后期限是不是真的？自己是否可以和己方人员商议延长期限？

（3）对方的最后期限究竟是什么时候？

◎ 最后要记得给对方小利

现在，交易的内容、条件大致确定，已经到了即将成交之际，这时，精明的谈判人员往往会再给对方一些小利，用这最后的甜头使对方更加满足，从而使签约、履约更加顺利，并为长期合作奠定良好的基础。

为此，谈判的高手都懂得要留一手，在签约前的关键时刻再放出一个“重磅炸弹”，以最后的让步推动谈判对手签约。这样，在他需要最后一搏时，就不会因为已经精疲力竭而感到无奈。他可以在签约前补充说：“我刚刚想起来，还有一点没跟您谈，您这笔订货的运费将由我们承担。”他也可以说：“刚才我们董事长指示，这套机器设备将由我们免费安装。”

那么，如何才能更好地发挥最后让步的效果呢？这就需要把握好两个方面，即最后让步的时间和最后让步的幅度。

在让步的时间上，如果你让步过早，对手会认为这是前一阶段讨价还价的结果，而不认为是你为达成协议而做出的终局性的最后让步，这样对方就会得寸进尺，继续步步紧逼；如果让步时间过晚，则往往会削弱对对方的影响和刺激作用，并增加前面谈判的难度。

要选择最佳的让步时间，使最后的让步达到最佳的效果，比较好的做法是将最后的让步切割成两个部分。主要部分在最后期限之前做出，以便让对方有足够的时间来品味；而次要部分则在最后时刻做出。这就好比一席丰盛的佳肴，最后让步中的主要部分恰似最后一道大菜，掀起最后的高潮；而次要部分的让步则好比大菜上完后的一碟水果，使人吃后感到十分舒心如意。

在让步的幅度上，如果让步幅度太大，对方反而不大相信这是你的最后让步，还会向你步步紧逼；如果让步幅度过小，对方又会认为微不足道，难以满足。

在许多情况下，到谈判的最后关头，往往对方的重要高级主管会出面，参加或主持谈判，这时，我方的最后让步幅度就必须满足以下两项要求：

（1）幅度比较大，达到刚好能够满足该主管维持他的地位和尊严的需要，给他足够的面子。

（2）幅度不能过大，如果过大，会使主管指责他的部下前期谈判不力，并坚持要他们继续谈判。

在你做了最后的让步之后，必须态度坚定。因为对方会想方设法来验证你立场的坚定性，判断你的让步是不是终局性的。

当然，最后的让步不只是单方面的。在你向谈判对手给出最后甜头的前后，你也必将尝到谈判对手给予你的最后甜头。判断这种最后甜头必须清醒警觉，如果你逼得太紧，削弱对方太多，使谈判告吹，大家都一事无成。

美国一个房地产主买下一片土地，打算建一幢摩天大楼。在这一片土地上，还剩最后一户不肯迁走，仗着房子的租约还有2年才到期索要高价。

房地产主急于动工，谈判结果，住户从开价的2.5万美元争取到12.5万美元。在成交支付支票时，有人对住户说："如果你再多要5美元，恐怕起重机就要撞上住房了。只要起重机'出乎意料'地撞一下，住房成为危险建筑就非拆不可，那时就得不到12.5万美元了。"

◎ 协议最好自己拟定

谈判协议签订必须注意下面几个问题：

1.达成的协议必须见诸于文字。

2.协议的文字要简洁，概念要明确，内容要具体。

3.不要轻易在对方拟订的谈判协议上签字。

4.重大的谈判协议签订以后，还应该让协议具有法律效果，通常是将协议经过公证部门的公证。

5.重大的谈判协议签订以后，绝不可以高枕无忧了，必须随时密切注意：

第一，有无影响协议执行的不可抗拒的因素会发生。

第二，密切注意对方的经营状况。

第三，继续不断地研究协议，因为世界上没有十全十美、没有漏洞的协议。

可见，协议的签订并不是结束，而是一个新的起点，只有协议执行完毕，才可以说“结束”这两个字。否则，任何一方违反协议的规定，都必须承担法律责任。

◎ 口头协议与书面合同

两异地的公司进行合作谈判，由于合作项目是在乙公司所在地展开。所以，谈判地点也在乙公司进行。甲公司派了三名谈判代表，对乙公司及所在地考察了三天后，谈判开始。

双方都按照自己的预定计划进行合作项目利益的争夺，两周后，经过互相的妥协，终于达成了协议，并都在合同上签了字。

合作项目由乙公司进行建设，甲公司提供资金。当项目快要完工时，甲公司的领导到工地实地考察，他认为有一些不符合甲公司当初的设想，于是，将乙公司的工程师叫到身旁，将自己的想法告诉了他，工程师听过后同意了。一个月后，工程项目完工，甲公司的领导再次来到这里，看到建成的工程之后，十分生气，要求双方马上进行谈判。

甲公司领导指出，他要求的改动与他的初衷并不吻合。而乙公司工程师则认为，自己是按照甲公司领导的意思进行的改动。双方争执不下，甲公司坚决要求重新进行改动，改动的费用由乙公司自己承担。否则，最后一笔投资款将不会到位。乙公司认为，这样的改动完全没有必要，而且在合同中也并没有这项要求。这天的谈判双方不欢而散。

经过协调，双方又走向了谈判桌。但是，双方还是各执一词，依然没有结果。乙公司不想把双方的关系搞僵，没有将此事诉诸法律，毕竟对方是投资方，可改动的费用实在不是一笔小数目，自己公司又无力承担。甲公司对于自己投资的项目不符合自己的意愿，非常不满，也采取不退让的态度。最后，双方建设的工程项目由于缺乏资金，一直闲置。

商业谈判的合同是约束双方行为的准则，也是今后双方有不同意见时的参考。甲公司和乙公司的第一次谈判签订了合同，但是合同中并没有甲公司希望改动的具体要求，而甲公司之后也没有主动提出签补充协议，导致后来双方都认为自己是正确的，可都找不到自己正确的依据，使合作陷入僵局。

甲公司领导和乙公司工程师的对话，只能算是口头协议。由于甲公司领导对于工程不够专业，而引起了工程师的误会，双方的口头协议，并没有记录下来。所以，也就无法断定是谁的问题。如果甲公司的领导发现问题后，与对方签一份补充协议。那么，也就不会出现各执一词的事情了，就算是出了，也有补充协议在，可以来证明到底是哪一方的问题。因此，在合作中，尤其是大型、长期的合作中，不管哪一次谈判都应该签订协议或者合同，来保证双方的利益。

不管是口头协议还是合同，都是谈判结果的反映，区别在于一个没有法律效力而另一个有法律效力。口头协议虽然简便易行，但是如若一方不履行承诺，另一方的权益将很难得到保障。

虽然在很多商业谈判中，依然采用口头协议的方式，但是，当履行时间较长、所涉及的金额较大、条件又相对复杂的时候，建议要签订正式的经济合同。这样双方的责、权、利在合同上写得很清楚，就算日后一方有与当初协议不符的现象出现，这份正式的合同也会对其行为有约束力。

朋友之间发生经济活动，千万不要因为顾及“面子”只订一个口头协议，而主动放弃签订合同。要将友谊和你的经济利益分开。否则，今后出现问题，受损的不只是你的金钱还有你的友谊。

◎ 买卖不成仁义在

买卖不成仁义在，这是双赢谈判的基本要求之一。当对方在谈判中拒绝了你时，请别生气。应该认识到这可能是对方一时无法决定。一次谈判未能签订协议，并不意味着一切努力都纯属白费。如果你能使这次谈判在友好、愉快的气氛中结束，那么就为下次再与同一对手打交道奠定了基础，以后就会有获得好结果的可能。

这时，你应表现得坦然自若。当看到这次谈判的僵局实在无法挽救时，你下一步要做的便是即使留不住人，也要留住谈判者的心，生意不成仁义在。

语言中要表现出大度、宽容、热情。使对方内心产生一种愧疚感，从而重敲谈判之门。当对方拒绝达成协议的时候，我们可以这样说：

“应该给您留一段充分考虑的时间，我们尊重您的这一权利。”

“我们充分理解到您所被授予的权限是有限的。希望您在向上司汇报后，能跟我们再次坐在谈判桌旁。”

“占用您这么长时间，实在不好意思。希望我们以后长期合作。”

“谈判虽然没谈成，但我们会珍惜这段时间所建立的友谊。”

除此之外，你还应该从失败的谈判中，学到一些将来可能有用的经验和教训。是不是报价太高，对方无法接受；是不是没有掌握好语言分寸，得罪了对方。从这次的失败中汲取一些东西，问问自己，如果换个方式、做法是不是会获得预期的结果？

◎ 别关上再谈判的大门

谈判已经破裂，彼此都无法再做丝毫让步，这次谈判是没希望了，但并不意味这笔生意彻底黄了。当协议无法达成的时候，你还可以向对方抛出您的“绣球”，如“我们可以进一步磋商，下一次见面再谈”。

谈判未能成功，可能有很多原因，其中一个原因就是时间仓促，其他方案还没来得及拿到谈判桌上，也可能是当时准备不足，资料不全，无法定夺，这时你必须留意将来，别关上再谈判的大门——即使再谈不大可能。

对方受你的话启发，先来找你那当然好，因为这不但告诉你对方对达成协议很感兴趣，在策略上你也算占了上风。从理论上讲，他们主动联系，这至少说明他们比你更想做成这笔交易。这样，重开谈判的时间和地点，就多半由你来决定。

另一种情况，当你说了“我们可以进一步磋商，下一次见面再谈”这句话，可你等了一两个星期之后，却仍听不见对方有什么动静，这时，由你打个电话给对方，也未尝不可。很可能对方会告诉你，他们不想再谈了。但这至少使你明确，这笔交易彻底告吹，然后集中精力另觅他途。

还有一种可能，对方想听听这回你说什么，所以，到了必须那样做的时候，也大可不必羞羞答答，应直截了当地告诉他。话可以说得具体而有诱惑力，使对方不能不想试一试。假使谈判重开会给你带来很大的好处，可以对你方最后报盘做大的修改。告诉他："我们对最后报盘的修改和主动跟你联系，都说明了我们有达成协议的意向。希望我们都能做出点牺牲。"

CHAPTER 7

不道德却合法的谈判诡计

道德是一套评判标准。虽然人类社会长期以来形成了约定俗成的道德价值观体系，但是每个人在日常生活中的道德准则和道德水准却是不尽相同的。本章归纳总结了一些有人看来“不道德”的谈判策略，但在有人看来，却是可以接受的。但无论如何，这些策略都是合法的。而且有助于你与“不道德”的人谈判时，防止陷入被动的局面。

“我们绝不会因为害怕而谈判，但也绝不会害怕谈判。让我们一起探讨那些把我们联系在一起的问题，而不是为那些让我们对立的问题喋喋不休……”

——美国前总统约翰·肯尼迪

◎ 虚假出价

谈判本来是一项公平竞争的活动，它的目的是要使参与谈判的各方相互合作，达成使双方都可以得到利益的协议或者合约。可是在实际的谈判活动中，一些狡猾的谈判者为了达到其满足私欲的目的，却不惜在谈判中玩弄欺骗的手法，从对方那里捞取利益，其中一种方法就是假出价法。

假出价法是一种不道德的谈判技巧和方法。其表现方式多半是买主利用出高价的手段，排斥掉其他的购买者，使自己独自享有购买的权利。可是当卖主回绝了其他买主，一心要同他进行交易的时候，他却四处寻找借口，要求改变还价，让对方降低要求。此时，由于卖主已经失去了另外的买主，而且投入了不少的精力讨价还价，已经无心继续浪费时间和精力，于是无可奈何地低价出售，结果假出价的伎俩获得了成功。

在美国，有一个卖主在报纸上刊出了一份广告，愿意以30000美元的价格出售一部汽车。广告登出以后，有几家感兴趣的买主前来看货，希望做成这笔交易。在讨价还价的过程中，有一个客户愿意出价28500美元并预先交付了500美元订金。由于还价明显高出其他买主，所以汽车所有者便欣然接受了这个还价，并且回绝了所有其他的买主，只需要等待订金的交付者交来剩余的28000美元货款，就可以正式完成这笔交易了。就在卖主满心欢喜地等待那位买主前来交款提货时，事情却发生了令卖主意想不到的变化。一连等了好几天，却丝毫没有那位买主的消息。卖主在焦急中又过了几天，买主才打来电话，他很遗憾地向卖主说明，由于合伙人或者妻子不同意，实在无法继续完成这部汽车的交易。不仅如此，买主还在电话中提到，他们之所以不同意继续交易，是因为他们已经调查并比较过一般的价格，认为这种汽车的价格最多不超过25000美元，如果以28500美元的价格买走汽车，会遭到别人的耻笑，更何况他还担心这部车子的其他方面，比如发动机引擎、轮胎等一些方面是否能够让他满意。

听到这里，卖主自然非常生气，感到愤愤不平，因为他已经回绝了其他所有的买主，甚至连他们的电话号码都一起扔掉了，再和那些买主联系已经非常的困难而且毫无头绪。卖主的情绪产生一定的波动，他感到特别郁闷烦躁，觉得自己受到了买主的愚弄。接着，卖主开始怀疑起自己当初制定的价格来，也许市面上同类汽车的价格实际上真的只值25000美元。再加上如果交易不成，卖主还得再去登广告，再去和买主接洽，再去做令人厌烦的讨价还价，总之一切过程又得重新开始。更何况如果再遇到一个这样无赖的买主，结果又会怎么样呢？出于这些繁琐的考虑，卖主在百般不情愿的情况下，决定以25000美元的价格卖掉这部汽车，于是他打电话给那位买主，告诉他自己愿意按照对方的出价将汽车卖给他。就这样，卖主完成了一项很不愉快的交易，而那位精明的买主则趁机以超低的价格得到了那部汽车。

在这项不愉快的交易中，买主在卖主不经意的情况下，使用了假出价的谈判欺诈技巧，侵占了卖主的利益，满足了自己的私欲。而卖主由于对买主过分地信任，早早地回绝了所有其他的买主，切断了自己的退路，使对方的阴谋得逞。更为可悲的是，卖主在上当受骗的情况下，不是检讨自己的对策和失败的教训，而是开始怀疑自己的出价是否真的太高，是否是买主的价格才是公正的。

谈判实务中，买主可以对卖主实施假出价的谈判技巧，卖主实际上也可以对买主实施假出价的谈判手法，以骗取买主的利益。其策略和道理大同小异，最根本的 点是通过假出价，排除其他竞争对手，使自己成为买主的唯一交易对象。尽管假出价的方法和策略是非常不道德和缺乏诚信的一种方法，但是在许多谈判中特别是在商业往来中，这种谈判策略和技巧却经常可以获得非常可观的经济利益。

◎ 装聋作哑

日本航空公司决定向美国麦道公司购买10架新型麦道客机，遂派出代表团前往美国谈判。日航代表刚到美国，麦道公司就来电表示，约定第二天在麦道公司会议室举行谈判。第二天，三位日航代表拖着一副疲态，慢吞吞地踱进会议室。谈判开始，日方代表不紧不慢地喝着咖啡，好像是在缓解时差的不适。而麦道公司的代表个个肃穆威严，他们看到日方代表疲惫之态，认为这是最佳可乘之机，遂抓紧时机，开门见山地重申把谈判引入了正题。

麦道公司代表显然做好了充分的准备，谈判开始，他们就相继打开3台放映机，拿出一系列的图表、数据、字幕、辅助资料，给对方以咄咄逼人的态势。从早上九点到中午十一点半，麦道公司的谈判代表侃侃而谈，自认为本公司的谈判准备工作天衣无缝，一定会把日方代表搞得无话可说。两个多小时的讲解完毕，麦道公司代表脸上露出得意的微笑。可是日航代表却一直默默无语。

麦道的领队不解地问：“你们难道不明白？你们不明白什么？”

日航领队笑笑说：“一切。”

麦道主谈迫切地问：“一切是什么意思，你们能否具体说一下从哪里开始不明白的。”

日航助谈歉意地说：“对不起，从您拉上窗帘的那一刻。”日航助谈随之点点头，表示同意。

麦道领队被气得鼻子都歪了，脸上青一阵，红一阵的，真想上前踢日航代表几脚，这群笨蛋。他泄气地倚在门旁，松松领带，有气无力地说：“那么，你们希望我们再做些什么呢。”日航领队歉意地说：“很简单，你们可以再讲一遍吗。”麦道公司别无选择，只好照办。当初的热情和信心此时已消失得无影无踪，他们机械地重复着那两个半小时的介绍。

谈判进入交锋阶段，老谋深算的日方代表忽然显得听觉不敏，反应迟钝，很显然是不明白麦道方的话。麦道代表很是恼火，觉得是在和一群猪在谈判，以至于他们早就准备好的论点、论据和推理根本用不上。连日来麦道方已被搅得焦头烂额，想尽快结束与这群笨蛋的谈判。于是，索性直截了当地问道：“我们的飞机性能是最佳的，报价也是合理的，你们还有什么异议吗？”

此时，日航代表似乎由于紧张，忽然出现了语言障碍，说话结结巴巴的，“第……第……第……”“慢慢说”麦道代表虽然嘴上这么劝，实际上心里着急得不得了。“第……第……第……”“是的一点吗？”麦道主谈迫不及待地问。日航主谈点点头。“那么好吧，第一点是什么？”麦道助谈着急地问。

"价……价……价……""是价钱？"麦道主谈问。日航代表又点点头。"好的，价钱好商量。还有什么?"麦道主谈焦急地问。""性……性……性""是性能，对吧，我们一定满足你们的要求。"麦道主谈脱口而出。

至此，日方代表几乎一句话也没说，而麦道代表似乎是帮助日方代表与自己交锋，他们把日方代表没有说出的话全部说完而且不假思索地给对方以承诺。日方看到麦道做了让步，就进一步得寸进尺，想多捞些好处。这是一笔数额巨大的贸易，按照国际惯例还价应该采取适当的幅度，可是日方代表却装作全然不懂这些，开口就要求削价20%。麦道主谈不禁大吃一惊。心想这简直就是开玩笑，可看到对方一副一本正经的样子，不像是在开玩笑。于是为了表示诚意就说："好吧，我们愿意削价5%。"

双方的差距太大了，都竭力为自己的报价说出一堆理由，第一轮交战在激烈的争论中结束了。经过短暂的沉默，日方第二次报价，削减18%，麦道还价是6%。于是双方又是一番唇枪舌战，但是依然没有效果，谁也说服不了谁。麦道主谈此时已经失去了信心，提出休会，并对日航代表说："我们双方的差距太大了，有必要为成交寻找新的合作方法，如果你们同意，我们两天后再谈。"

重新谈判开始，日方做了很大让步，要求削价12%，麦道公司只同意削价7%，谈判再次陷入僵局。长时间的沉默，麦道公司主谈决定中止谈判，开始收拾文件。恰在这时，口吃了好几天的日航主谈，突然口吃清晰，十分流利地说："你们对新型飞机的介绍和推销令我们难以抗拒，如果你们同意削价8%，我们现在就买11架，而且可以马上签合同。（这增加的一架几乎是削价得来的。）说完，就笑呵呵地把手伸给麦道主谈。"同意！"麦道代表们也笑了，起身和日航代表握手："祝贺你们，你们用最低的价格买到了世界上最先进的飞机。"

日航代表之所以以最低的价格买到了世界上最先进的飞机，这与他们在谈判桌前"精彩"的表演不无关系。

首先，面对麦道公司咄咄逼人的态势和充分的准备工作，日航代表并没有被震慑住，而是说了一句"什么都没听懂。"另对方士气大减，不得不重新讲解。这使麦道代表丧失了不少的信心。

其后，在谈判的交锋阶段，日方代表的口吃，更是令人拍案叫绝。麦道方面对这个口吃的日方主谈，心中焦急，但又无计可施，不知不觉中就顺着日方设好的圈套往里钻，最后作出了让步的承诺。

日方代表巧妙的用运"装聋作哑"这一手法，不仅打乱了麦道方的谈判节奏，消磨了他们的锐气，而且使对方心里受到干扰，阵脚大乱。不知不觉中就把谈判的主动权夺了回来。在谈判中运用这种方法往往可以收到意想不到的效果。但是切记不可一味地用，该作出机敏的回应时就不能再装聋作哑。

◎ 吹毛求疵

人们往往都有一种挑剔的习惯，再好的结果往往都可以从中找出岔来，这在日常的婆媳关系中最为常见。在工作和生活中，吹毛求疵绝对不是一种可取的态度，但是在谈判中，谈判者往往利用这种吹毛求疵的战术来和对方讨价还价，而且被证明使一种非常成功的谈判技巧。双方在交易开始时，如果使用吹毛求疵的谈判技巧，向对方要求越多，得到的也就越多，要求越高，谈判的结果就越好。

莱曼先生曾经到一家商店去购买冰箱。到了商店以后，营业员问明了莱曼所要的规格，告诉他这种冰箱售价500欧元。莱曼先生走过去这儿瞧瞧，那儿摸摸，然后对营业员说："你刚才说这款冰箱非常好，各方面都比其他冰箱更有优势，可是你看看，这冰箱的外表一点都不光滑，而且还有些小的瑕疵！你看这里，是不是？这个小瑕疵好像是个小割痕！有瑕疵的货物通常不都是要打一点折扣的吗？如果真的是割痕的话，可能冰箱的质量要出问题啦，你说是不是？"这是莱曼先生从商品的外表上对商品进行挑剔。

看到营业员不知该说些什么，站在那里欲言又止的样子，莱曼先生又问营业员：“你们店里这种型号的冰箱一共有几种颜色？可不可以让我看看样品？如果能的话，我想先看看样品再决定。”对于这样一个难缠的顾客，营业员好不容易听到一个比较容易解决的要求，于是马上为他拿来了冰箱的样品本。莱曼先生指着店里现在没有的颜色说：“这种颜色和我的厨房颜色正好相配。其他颜色同我家厨房的颜色搭配都不协调。颜色不好的话，价格还那么高，如果不能够调整一下价钱，我就得重新考虑是否在你们商店买了，我想别的商店可能有我需要的颜色，我一定能够找到我想要的颜色的冰箱的。”这是莱曼先生从商品的颜色上进行挑剔。

过了一会儿，莱曼先生又打开了冰箱，他反复地看了几遍之后，又问那位营业员：“这冰箱附有制冰器吗？”营业员心想当然有了，你不是已经看过了吗，就态度和蔼地回答莱曼：“是的，这个制冰器一天24小时都可以为您制造冰块，每小时只需要2分钱的电费，只要您需要，您随时都可以取出冰块来用。”没想到这个回答立刻令莱曼先生非常担忧起来，他对营业员说：“这太不好了。我有个孩子得了慢性喉头炎，医生说他绝对不能够吃冰的，绝对不可以。但是我的孩子偏偏喜欢吃冰，如果家里随时有冰给他吃，那可就太麻烦啦！你可不可以把制冰器取下来，我不需要购买它。”营业员回答说：“对不起，制冰器是冰箱的一部分，它是绝对无法拆下来的，即使拆下来，也不会有人专门购买这种产品的，因此您必须带着制冰器一同买下冰箱。”莱曼先生又接着说：“我知道，但是这个制冰器对我根本没有用，而且还会给我的家庭带来很多的不方便，却要我来付钱，这太不合理啦，价格能不能便宜一点？”这是莱曼先生从商品的结构和设计上进行挑剔。

营业员早就被莱曼先生吹毛求疵的做法非常难以适应，无论冰箱的哪个方面，莱曼先生都找出了商店必须降价的理由，谈判的结果，由于莱曼的一再挑剔，营业员不得不将冰箱的价格一再下降，终于使得莱曼先生以最低的买价购买了那台冰箱，而实际情况是，莱曼先生对那台冰箱非常满意，所有冰箱的缺点其实是根本不存在的，但是莱曼先生却利用冰箱各种并不存在的瑕疵和毛病争取到了最低的价格。

使用吹毛求疵的谈判方法，是从多方面对卖方进行挑剔，这些方面可以是确实存在的问题，也可以是有意制造出来的问题，这样做的结果，既可以使对方降低要求，又可以为对方作出让步提供足够的理由和借口，让对方从心理上接受自己所做的让步。莱曼先生在冰箱并不存在任何问题的情况下，从一个几乎看不见的小瑕疵入手，为他所钟爱的冰箱挑出了一大批并不存在的毛病，导致营业员对自己的货品非常缺乏信心，只有用降价的方式来满足对方的要求，而价格恰恰是莱曼先生唯一真正关心的问题。

◎ 蛮不讲理

生意人常常认为，绝大多数人都是讲理的。通常情况下，这个论断具有一定的正确性。然而世上就是有完全不讲理的人，事实上，有些人便能运用他们的不合理性，成功地为自己谋利。20世纪70年代，年轻的职业夫妇喜欢在美国内城购买老式大房子。这些房子虽然是老式的，但是它们拥有广大的生活空间，而且市郊的低税率，以及它们靠近城市，生活资源比较充沛，这一系列的优越条件又吸引着年轻的职业夫妇们。

在纽约所谓的“褐石带”，为了追求这一流行的趋势，许多新屋主都希望把他们的房子改成老式房子的模样。这就意味着要他们要修理橡木门，房间里配上橡木和樱木厨柜以及其他木工方面的修护工作。

此趋势的受益者是一位牙买加人士，叫乔治的家具、橱柜木工。他不像同时期的美国木工，他是硬木木工出身的，其制造硬木家具的技巧娴熟无比。而美国此时的木工大多干不了这种活，他们只会铺铺地板什么的简单的木工活计，虽然开始他们也接受一些改造房子的工作，但是他们工作的粗糙遭到了用户的质疑。这更增加了乔治的竞争力，正是因为乔治的高超木工工艺，结果他一人包揽了许多生意，而且是在他所开出的不二价条件之下成交的。

乔治的高明之处不仅在于手艺高超，而且他还能够在看了要做的工作之后，正确地算出所需成本、时间和材料。每次他都要求用户先付款，然后才肯进行工作。这些很多新的屋主是年轻的律师，他们的傲气不容许如此的生意安排。他们提出先付清材料款，至于其余款项，他们希望完工后他们认为满意才全部付清。此安排令乔治十分愤怒。他激动地说：“合你们的意？你们对木工懂多少呀!老兄，没人比我老乔治对工作的要求更严格了，包括你。”乔治接着直截了当地说，他有数以百计的满意顾客的郑重推荐。这所有的顾客都是预先付清款项的。所以，如果你要乔治为你工作，那事先付款就是条件。令人难以相信的是这些精打细算的律师竟然经不住乔治的说辞，都同意了这个极不合理的要求。在这些年轻律师看来，乔治技术的出众和他良好的信誉，比起他的不合理要求简直是不值得一提。毕竟乔治的要求比雇用一个技术差的木工给他们带来的麻烦要小得多。

当然，乔治并不知道他是在进行谈判，他认为他只是在做合乎公平的正确事情而已。在他的木工生涯开始之时，有一位顾客拒绝付给他钱，从此乔治下定决心，他不容许这样的事再次发生。因为他在某一特殊时期，拥有极特殊技能，故能运用杠杆作用克服阻碍。

先付工钱再工作，这的确是一个极其不合理的要求。可是故事中的木工乔治却做到了。这是因为乔治知道他自己拥有着比其他人高超的特殊的木工技能，而且他看到了年轻职业夫妇追求老式房子的这一特殊时期，才能实施这一不合理的要求。他成功地运用杠杆作用克服了他所提出的不合理要求。

◎ 煽风点火

在很早的时候，人类就形成了一种从众的普遍心理，在人们的心目中，只有一个人或者少数人拥护和感兴趣的，多数情况下不会有多人的吸引力，相反，如果是大多数人都拥护和感兴趣的，就认为有利可图，从而竞相争取得到。人们的这种从众心理，在商业交往中体现得最为淋漓尽致。因此，针对人们的这种心理，不少谈判者为了提高产品的价格，刺激对方的交易兴趣和决心，同时也为了创造出一种竞争的局面，不惜采用煽动的策略，这就是谈判中的煽动法。尽管这种方法和策略相对而言有时候是不道德的，但是作为一种谈判的技巧和方法，确实可以收到比较理想的谈判效果，所以在商业谈判中煽动法的运用比较普遍。

在众多的煽动策略中，有一种煽动法是一种极端的和带有破坏性的手法，这种手法往往是通过损失煽动者的利益，以刺激谈判者的交易欲望，或者进一步坚定谈判者的交易信心，从而使谈判双方达成协议，而煽动者应有获得更大利益的谈判技巧。下面就这种手法讲述一个非常典型的例子。

在比利时的一个画廊里，有个画商正在那里等待着顾客前来光顾，这位画商不仅出售名画，而且购买价值不菲的别人手中的画，以图转手谋取更多的利润。正在将自己心中的小算盘拨打得山响的画商迎来了他的一位客人，这位来自印度的客人带来了三幅自称名画的产品，要求与画商进行交易。画商对印度人手中的画非常感兴趣，也相当认可画的价值和行情，于是双方展开了艰苦的谈判。

开始的时候，印度人对自己手中的三幅画总共开价1000欧元，画商不同意这个报价，双方为此争执不下，谁都不肯作出一点让步，谈判顿时陷入僵局。这个时候，脾气暴躁的印度人终于按捺不住心中的怒火，他拿着自己的画跑了出去，一怒之下将其中的一幅画用火烧了，声称卖不掉就烧掉，省得看着心烦。由于非常喜爱这些画，画商看到其中一幅竟然因为价格原因被烧掉了，感到非常可惜，于是就主动请印度人回来，向他询问剩下的两幅画想要卖多少钱，印度人仍然向画商索要1000欧元。画商心想：刚才三幅画才卖我1000欧元，怎么现在剩下两幅了，你还要1000欧元，这不是漫天要价吗？尽管非常喜爱印度人手里的画，但是由于价格方面的原因，画商还是在犹豫不决中拒绝了印度人的要价。当1000欧元的价格再次被拒绝时，脾气暴躁的印度人竟然又烧掉了其中的一幅画，这样一来他的手里就只有一幅画了，画商看到这种情况，只好恳求印度人，别再把最后一幅画烧掉了。拿过最后一幅画后，画商仔仔细细地看了一遍这幅画，结果越看越喜爱，他就问印度人最后这幅画究竟想卖多少钱。没想到印度人仍然十分坚决地告诉画商，他的这幅画售价还是1000欧元。画商再次犹豫了，因为这是此前三幅画的价格，如今只剩下了最后一幅画，他居然还想要1000欧元！可是又怕对方再次将这仅有的一幅画烧掉，只有和对方进行艰苦的谈判。但是印度人似乎看透了画商的心理，自始至终地坚持索要1000欧元，否则的话，最后这幅画仍然随时有被他烧毁的危险。谈判的最后结果，印度人硬是从画商那里拿到了他想要的1000欧元，而画商用三幅画的价钱只得到了一幅画。

其实印度人并非不心疼自己手中的画，但是他看出了画商的矛盾心理，真正对谈判造成困难的不是画本身，而是商人对于价格的犹豫，因此印度人才最终得到了他想要的价格，至于画商究竟得到几幅画，那就不是他所关心的了。

案例中，印度人抓住画商爱画心切的心理，采用煽动的谈判方法，不惜一次一次地使用破坏性的手法，以刺激画商的购买欲望，操纵和控制对方的心理使画商被迫与自己达成了对他有利的协议，印度人的煽动策略最后还是赢得了成功，而实际上，即使画商不买他的画，印度人也不会将最后一幅画烧掉，因为那样的话他不仅得不到一个欧元，甚至连自己的货物都失去了。

◎ 反客为主

反客为主的原意是指主人不会待客，反而受到客人的招待，其中包含着变被动为主动，变不利局面为有利局面的谋略思想。将反客为主的谋略思想运用于谈判实践中，可以使谈判中原来处于被动地位的一方，由被动地位变为主动地位。

在谈判过程中，任何一方都希望自己处于主动和支配的地位而不愿意受人支配，但是由于受谈判中诸多因素的限制，谈判者不可能在任何时候、任何情况下都位居主动地位而支配对方，问题在于谈判者如何摆脱被动的处境，从被动变为主动，这就需要运用反客为主的谈判技巧。

美国密德兰地区的一家银行有一位非常难缠的顾客，他是一位搞技术的工程师。这位客户在他景气的时候，曾经有一段非常辉煌灿烂的时光，但是后来由于经济萧条，他的公司倒闭了。由于过去这位工程师所经营的顾问公司一直和银行保持着良好的合作关系，因此银行也一直认为他所经营的公司是一家相当健全的企业公司，只是不愿意给予他的公司太多的贷款，可是，工程师希望能够找机会东山再起，于是就千方百计地同银行方面进行谈判，希望银行能够多给他一些贷款，但始终没能够得偿所愿。

工程师为自己在同银行的谈判中始终处于被动的地位深感尴尬不满。经过一段时间以后，他终于想到了另外一种方式来削弱对方的谈判实力和立场，他让会计部门整理好几处账目，向银行提出抗议，结果工程师的这一招果然非常灵验，银行对于客户的这种抗议显然有些措手不及，银行经理立刻打电话向客户道歉。在这个基础上，工程师又以银行方面办事能力太差、手续办得太慢，致使他的公司向国外购买一项产品的计划被延迟，蒙受了很大的经济损失为理由，发表不满声明。除此之外，因为银行职员的一时疏忽，使一笔原来应该存入这位工程师私人账户的款项，阴差阳错地存入了另一家公司账户。为了这件事，工程师又开始小题大做，借题发挥。然后他把银行以往所犯的种种错误全部罗列出来，要银行方面作出解释并提出具体的解决办法。

在犯了那么多的错误之后，银行经理在同工程师的进一步谈判之前心中已经做了最坏的打算，准备接受一切严厉的批评和惩罚。两个星期以后，工程师认为“进攻”的时机已经成熟了，他给银行经理打电话，出人意料的是，在电话中工程师竟然对过去所发生的事情闭口不提，反而以轻松的语气问银行经理：“对于两年以上的私人贷款应该怎样计算？”那位经理在事前一直预想银行方面会遭受激烈的攻击，但听到工程师的口气并不严重之后，便松了一口气，将贷款利息的算法详细地说了出来。“这样的贷款是不是一般市面上最有利的方式？”工程师进一步问道。“当然！”银行经理赶紧回答说，“据我所知，这是目前最有利的一种贷款方式了。”他的语气十分的惶恐不安，生怕再次得罪了这位难缠的客户。工程师很希望和银行恢复和发展业务往来，于是要求银行经理让他获得一笔私人贷款。在这种心态和情景下，银行经理只有选择尽快地满足工程师的条件，工程师于是达到了他的谈判目的。

在这个案例中，工程师千方百计地想争取银行的同情和支持，希望银行能够贷款给他，让他好有东山再起的机会，而银行始终不买他的帐，在谈判中工程师陷入十分被动的地位，谈判的主动权完全掌握在银行一方。可是后来为了摆脱困境，使己方能够在谈判中处于主动和支配地位，从银行经理手中拿大贷款，工程师采取了果断措施，通过整理和罗列银行的种种“罪状”，大加渲染，向银行方面施加心理压力，削弱了对方的谈判实力，改变了银行的谈判立场，最后终于获得了希望的贷款，赢得了谈判。

◎ 威逼胁迫

威胁法是谈判活动中运用得相当广泛的一种技巧和方法，军事谈判中，谈判一方或者双方以武力、人质等手段相威胁，经济谈判中，买方或者卖方以中止交易相威胁，谈判的一方以向法院起诉相威胁，甚至在谈判中以谈判对手的安全和生命相威胁等等。所谓的威胁，就是谈判的一方或者双方通过显示现有的或者潜在的强大威力，迫使对方在心理上感到恐惧，从而被迫放弃某种企图，降低谈判的愿望标准，作出某种程度上的让步，以促使双方尽快达成协议。

作为一种谈判的心理技巧和方法，威胁能够产生一种强有力的威慑力量，使对方在谈判中处于被动地位，被迫答应施加威胁一方的某些建议或者要求，在权力和利益上蒙受不同程度的损失，而使施加威胁一方获取某种权益和好处。

战国时期，毛遂跟随平原君出使楚国，同楚王就合纵抗秦的有关事宜进行谈判。平原君与楚王谈判以久，日出开始，到了中午还不能够达成协议。由于楚王始终只从自身利益出发，左顾右盼，思前想后，生怕楚国的利益受到损失，所以迟迟不能够达成共同抵抗秦国的有关协议。毛遂是平原君的谋士，此人智勇双全，“毛遂自荐”的典故正是对此人胆识和智慧的真实体现，看到双方迟迟不能达成最终的协议，毛遂在一旁等得有些着急，他决定对楚王实施威胁，以迫使谈判尽快达成一致，共同对抗强大的秦国，以利于天下，否则的话，不仅谈判破裂，两国会同时遭到秦国的攻击，灭亡之日就为时不远了。

想到这些，毛遂怒气冲冲地面向楚王，忽然拔出身上佩带的利剑，登上台阶就来到谈判台前直逼楚王，高声质问道：“合纵抗秦的好处和坏处，三言两语就可以说清楚了，大王也知道，如果不联合起来，仅仅凭你们楚国一国的力量，能够抵挡住强大的秦国的进攻吗？如果大王心存幻想，我们大可以不必联合，只等着看楚王如何一步步被秦国吞并就可以了，我们之间的谈判还有什么意义？其实大王心里非常清楚眼下的局势，但是如果大王只会替楚国考虑，那么其他国家的利益就会蒙受重大的损失，到时候联合破裂，对大王有什么好处吗？”

由于毛遂手持利刃威胁楚王，楚国的卫士们立即包围上来，但是毛遂距离楚王太近，卫士们也不敢太上前靠近，怕毛遂真的伤到楚王。楚王见毛遂如此无理，感到非常气愤，他大声呵斥道："你是什么人，怎么敢如此对待本王，还不快快退下，免你死罪，否则你将遭受酷刑！"毛遂并不惧怕楚王的话，他用手按着剑柄继续对楚王威胁说："十步之内，你已不能够用楚国众多的兵将来挟制于我，反而现在你的性命就操纵在我的手里。你尽管让你的武士们上来吧，我敢保证，如果我的生命有危险的话，大王你一定先比我倒下！"楚王面对毛遂坚决而勇敢的举动，吓得不知所措，用颤抖的声音命令手下的武士们赶紧向后退，这时毛遂就更加地底气十足了，他继续用简洁而深刻的语言，摆事实讲道理，对合纵抗秦的意义以及对楚国的好处向楚王作了陈述，如果不能够达成合纵抗秦的大计，今天就要让楚王血溅当场，终于彻底慑服了傲慢自大又顽固不化的楚王。

在勇敢的毛遂面前，贪生怕死的楚王吓得连声对毛遂说："是的是的，先生所言极是！就如先生所言，我现在以整个楚国的社稷来服从合纵之约，请先生赶紧放下宝剑，我们可以坐下来好好地谈，不知先生意下如何？"于是，平原君和楚王再次坐下来进一步商讨合纵的有关事宜，楚王再也不推三阻四，本着对双方都有利的基础，双方很快就达成了合纵抗秦的协议，毛遂的威胁法发挥了最大的效果。

◎ 瞒天过海

所谓瞒天过海即利用人们观察上的错觉，以假象示人而将真相隐藏起来的做法。

三国时期的聪明人诸葛亮，年轻时仰慕黄正英的才华，与黄私订终身。但黄氏的相貌却比较丑陋，家人不赞成这门婚事。诸葛亮的嫂子强烈要求诸葛亮退掉这门亲事，另选一美女完婚。诸葛亮无奈只好给黄氏写了一首退婚诗，诗中写道："笑你容貌不配我，他日另酬鸾凤志，多谅小生处世难，口应婚约可改移。"

嫂子见了，心头大喜，也就放心了。过了一段时间，诸葛亮对嫂子说，他要在三日后完婚。谁知三日后当婚纱打开时出现在他嫂子和众人面前的新娘子仍是黄正英。嫂子很是诧异，已经退掉的婚事怎么又续上了呢？原来诸葛亮当日写的退婚诗乃是一首藏尾诗，把句末的字连起来读就是"我志难移"。黄正英聪慧过人一读就懂，理解了诸葛亮受到的压力，同时也明白了诸葛亮的心意。只是诸葛亮的嫂子却被诸葛亮的瞒天过海之计给瞒住了。

瞒天过海并不是为了欺骗对手，主要是出于一种策略的考虑。运用这种策略一般主要是为了在谈判中取得主动或者为了扭转自己被动的局面，它和别有用心的欺骗是两回事。

◎ 假装糊涂

假装糊涂可以化解谈判对手的步步紧逼，绕开对己方不利的条款，而把谈判话题引到有利于己方的交易条件上。当对方发现你误解了他的意思时，往往会赶紧向你反复解释，在不知不觉中受你的话语的影响，在潜移默化中接受你的要求。所以，谈判老手们总是把“难得糊涂”作为他们的一个信条，必要时就潇洒地“糊涂”一回。泛舟商海，此种“糊涂”之举实不算少，而谈判效果却是“清醒”之时所难以比拟的。

丹麦一家大规模的技术建设公司准备参加联邦德国在中东的某一全套工厂设备签约招标工程。开始时，他们认为无法中标，后来经过详细的研究分析，在技术上经过充分的讨论，他们相信自己比其他竞争对手更有优势，中标很有希望。

在同德方经过一段时间的洽谈后，丹麦公司想尽早结束谈判，早日签约。可是，德方代表却认为应该继续进行会谈。会谈中，德方主谈人说：“我们进行契约招标时，对金额部分采取了保留态度，这一点你们一定能够理解。现在我要说点看法，这可能很伤感情，就是请贵公司再减2.5%的金额。我们曾把这一想法告诉了其他公司，现在正等它们答复。选哪个公司，对我们来说均一样。不过，我还是希望我们能同贵公司合作。”

德方代表彬彬有礼的语气中颇有犀利的言辞，丹麦公司表示："我们必须商量一下。"

1个半小时以后，丹麦人回到了谈判桌旁，他们故意误解对方的意思，回答说，他们已经将规格明细表按照德方所要求的价格编写，接着又一一列出可以删除的项目。

德方一看情形不对，马上说明："不对，你们搞错了。本公司的意思是希望你们仍将规格明细表保持原状。"

接下来的讨论便围绕着规格明细表打转，根本未提到降价的问题。

又过了1小时，丹麦方面准备结束会谈。于是就向德方提出："你们希望减价多少？"

德方回答说："如果我们要求贵公司削减成本，但规格明细表不做改动，我们的交易还能成功吗？"这一回答其实已经表明对方同意了丹麦方面的意见。

于是丹麦公司向对方陈述了该如何工作，才能使德方获得更大利益。德方听了之后表现出极大的兴趣。丹麦公司还主动要求，请德方拨出负责监察的部分工作，交由丹麦公司分担。

交易谈成了，德方得到了所希望得到的利益，丹麦公司几乎也未做出什么让步。

假装糊涂贵在一个"巧"字，倘若弄巧成拙，结果自然不会好。

装糊涂也要有一定的度，倘若超过了这个度，超过了对方的承受范围，势必影响感情，甚至引起谈判的破裂。另外，装糊涂、故意犯错或误解不能超出法律所许可的范围，否则会惹来许多不应该的官司。

◎ 反击艺术

在谈判过程中，对方可能用各种各样的策略来对付你，这一切无非都是为了让你慌张，使你的思想离开你的战斗计划。为使你能成功地反击这一切，首要的还是你得认识它们。实际上，能做到知彼，这本身就足以击破对手的一切进攻。关于如何反击不同的策略，以及你自己如何来应用它们，可以参考以下内容：

（1）恐吓——通常应不予理睬。

（2）说谎——请他提出证据。

（3）虚张声势——以其人之道还治其人之身，以免中计。

（4）拖延时间——强迫对方前行。

（5）以期限相威胁——不理这一套，那只不过是在强迫你做出反应。

（6）最后通牒——回敬他一句："这只是贵方的决定，与我们无关！"

（7）震慑——跟他对着干。

当然，上述这些策略以及对付它们的办法，并不是在任何情况下都可以照搬的。最好是先估计一下某一策略所可能起的作用，然后再根据不同谈判和不同情况，采取最佳的反击措施。

值得注意的是要区分哪些是你应当做出反应的策略，哪些是不予理睬的策略。在一次谈判会议上，你可能同时受到对方的吹捧、恐吓和震慑等，可你如果能识破它们都是些什么，那它们对你达到预定目的，将没有或极少有作用。因此。在绝大多数情况下，不理睬对手的无谓作用的花招就够了。

另外，反击能否成功，首先要看提出反击的时间是否准确。反击只有在对方以恐吓战术来威胁你时方能使用，所以，它也可以说是一种以退为进的防卫战。反击的本质是“借力使力”，即利用对方的力量，再加上自己的力量，发挥“相乘效果”，从而获得成功。

其次要注意的是，使用反击法时，如果对方认为你是个言行不一的人，那效果就要大打折扣了。如果对方认为你是个说到做到的人，那么在你尚未正式宣战前，他就很有可能会做出让步。情况如果恰巧相反，结果也自然大相径庭了。

◎ 狐假虎威

美国有一位石油巨子，当初只是个默默无闻的穷青年，但他认定开发石油大有前途，到处奔波，反复考证，选择了一块表面看来并不起眼实际上很有潜力的油田，接着就筹措必要的资金，悄悄做人员和工程开发等各方面的准备。但对这块油田感兴趣的大有人在，无论实力、经验，他都无法同这些人匹敌。他却知难而进，经常进入地产拍卖所，熟悉地皮的价格和行情，对那些有兴趣开发油田的人进行深入了解，不仅掌握了他们的资金、人员、技术等情况，更是深入剖析这些人的心理状态，寻找取胜的办法。

拍卖场上聚集了石油事业家、经纪人、地产商各式人等，他也不露声色地混迹其中。大家都不急于报价，有的在暗中盘算，有的在私下议论，都想后发制人，一举战胜所有的对手。场上充满了钩心斗角的紧张气氛。

一个大腹便便的石油资本家站了起来，他并不开口报价，只是用两眼威严地扫视了一周，就这么一下，吓退了一半实力不那么雄厚的竞争者，他们哪敢同这个石油资本家进行抗衡呢？

但也有不服气的，一个瘦小精干的地皮商连身子都没有挪动，只是轻轻地干咳了一声，这下子把另外的一小半人也震动了，许多人都是领教过这个地皮商高明手腕的，有的还不止一次地成了他的手下败将。

报价还是开始了，石油资本家和地皮商都摆出“非我莫属”的架势。别的人是凑凑趣，填填底，所以报价都在低水平上徘徊，要等这两员大将出马，才会出现真正的恶战。

两员大将还没开始交手，拍卖场上又进来了一位衣冠楚楚的绅士，“呵——”人们发出了一声长吁。此人是本地最具财力的银行家，平时从不涉足拍卖行。此番出场，看上去是不达目的绝不罢休的。

石油资本家和地皮商自知不敌，知趣而体面地退出了拍卖场。囊中羞涩的、赶场凑趣的、不知底细的也纷纷离场而去，偌大的拍卖场所剩人数寥寥无几。

那位颇有心计的故事主人公觉得时机已到，终于以500美元的低价买进了这块油田地皮。原来他把所有筹集的资金都存入了本市最大的银行里，并特地请了银行家为他压阵助威。等到人们搞清事情真相后，那块油田已开始动工建设了。

美国石油巨头洛克菲勒，起初实力十分有限，他梦想垄断炼油和销售，可他自然不是亚利加尼德集团等其他石油公司的对手。洛克菲勒的同伙人佛拉格勒建议道：“原料产地的石油公司在需要的时候才用铁路，不需要的时候就置之不理，十分反复无常，使得铁路上经常没生意可做，一旦我们与铁路公司订下合约，每天固定运输多少油，它们一定会给我们打折扣。这打折扣的秘密只有我们和铁路公司知道，这样的话，别的公司只有在这场运价竞争中落荒而逃，整个石油产业界就成了我们的天下。”洛克菲勒选择了铁路霸主之一、贪得无厌的凡德毕特为合作对象，最后双方达成协议：洛克菲勒以每天订60辆车合同的条件换取每桶让7分的利润。低廉的运价带来销售价格下降，进而使销路得到迅速拓展。洛克菲勒身为弱者，如果和亚利加尼德集团正面竞争，必然弱肉强食，但他巧妙借助第三者铁路霸主的力量，以低廉的运价占据运输的优势，挤垮同行，实现了小鱼吃大鱼、垄断石油经济的愿望。

◎ 登门槛法

就谈判而言，有些事情容易办到，有些事情就比较难办到；有些要求比较容易满足，有些要求则比较不容易满足。对容易办到的事情，人们总是乐于合作，对容易满足的要求，人们也总是乐于接受。而从一件容易办到的小事的合作开始，往往有助于高要求的满足。当先说服别人接受一个较小的要求之后，再说服其接受随后较大的要求，就会有较大的可能性，这种说服对方逐渐接受越来越多的要求的方法，就是谈判中的“登门槛”法。

在谈判活动中使用“登门槛”法，常常是谈判者一方首先提出一些低标准的要求，使对方很容易地接受。在此基础上，谈判者再逐步附加上一个一个的条件，将要求慢慢提高，使对方在接受原有条件的前提下一一接受。

一家组合音响的销售门市部里，正在筹办婚礼的一对情侣看中一种式样新颖、功能齐全、音色柔美地高级组合音响，营业员也极力向顾客推荐，并对各种功能详细地加以介绍，还进行必要的试机，顾客比较满意。但是有几个问题困扰着这对情侣，一时难以决策，一是虽然音响质量、式样、功能都较好，但标价相当高，已经超出了他们的预算；第二，家用电器在使用过程中比较爱出毛病，一旦三个月之后音响发生故障，也就会带来很多麻烦，而且即使三个月内保修，修修补补总不是滋味；还有就是门市部售出的音响全是散件，组装和调试自己都无能为力，并且门市部距离他们家比较远，运输也成为一个不小的问题。

为了解决这些困扰他们的问题，这对情侣决定去认真地同营业员交涉。买主对营业员说："由于回运路程比较远，事先又没有准备，所以能不能由商店想办法运送？"营业员考虑到顾客的具体情况，且运货员正好有空，便满口答应了顾客的要求。接着。买主又向营业员提出，商店销售的音响十分零散，对组装和调试一窍不通，希望商店能够帮助安装，进行调试。商店知道运货员完全熟悉这项工作，于是也答应请运货员送到之后，帮助顾客解决这一问题。

在此基础上，买主又述说自己的后顾之忧，担心音响会因质量问题而带来麻烦，尽管三个月内可以保修，可总感觉不完满，而且如果三个月后出现故障，那就更觉得冤枉了。看到顾客忧虑的情绪，营业员答应，三个月内出现故障可以进行调换，并且特别将保修期延长到一年。

最后，买主要在价格上同营业员讨价还价了。他们向营业员表示，商店为了解决他们的困难，特别在运送、安装调试以及售后服务上给予了特别的优惠，他们很受感动，决定买下一台组合音响，只是产品的价格实在太高了，超出了他们的预算和支付能力，如果商店能够考虑降低一部分售价的话，他们会马上购买这套音响。

对于顾客的最后一项要求，营业员开始就表示反对，认为音响的标价已经非常优惠了，对方在这个价位上还要继续压价，明显缺乏购买诚意，真是不知足，就想取消这单生意。后来，营业员考虑到在运送、安装调试、售后服务等条件上都接受了顾客的要求，加之对方的态度看上去并不像缺乏诚意的样子，倒是确实资金紧张，又改变了主意。但是在价格方面，营业员做不了主，他亲自去找销售经理，向经理说明了具体情况，并且特意替顾客说了很多好话，经理也答应了顾客最后降低价格的要求，这样顾客就以他们能够接受的价格买走了这套他们非常中意的组合音响。

案例中的买主就货物运送、安装调试、售后服务和商品价格上同营业员进行了一系列的谈判，纷纷取得胜利，根本的原因就在于买主巧妙地采用了“登门槛”法的谈判策略。在买主提出的几个条件中，承接运送，帮助安装调试，甚至在保修条件上加以优惠都是一些微不足道的要求，而降低音响的价格才是最大的和根本的要求。但是买主善于从小的要求着手，逐步附加一些条件，并且使要求和条件越来越高，令营业员在满足了对方较低要求的基础上很难回头，也就接受了对方较高和较大的要求，使买主在这场谈判逐步获得极大的成功。

CHAPTER 8

解决棘手问题的谈判艺术

在市场经济中，人人都是一个经济主体，涉及的经济活动内容多种多样，因此谈判的内容也复杂而广泛。本章对一些常见的“棘手”问题，做了总结和归纳，以便读者能在解决这些问题时，掌握谈判的要领。

在今天这个复杂多样、瞬息万变的世界里，谈判是处理资源配置、调和多方利益、解决冲突纷争的最实用且最有效的手段。

——美国谈判心理学家　迪帕克·马哈拉

◎ 货物买卖谈判

货物买卖谈判是指以达到商品交易成功为目的的谈判活动。这是交易谈判中最具代表性的谈判。货物买卖谈判的内容十分广泛，一般都要包括：标的、质量、价格、日期、验收、装运、责任、支付等条款。

1.标的。标的是购销双方当事人权利和义务所指的对象。

2.数量和质量。这是购销谈判中的重要条款。数量必须在谈判中做到准确、科学，并要明确规定使用何种度量衡制度，以免造成误会和争议。质量也必须有详细、明确的规定，要有具体的质量指标，以避免和减少产品质量纠纷。

3.价格与支付。价格水平的高低直接关系到谈判双方的经营成果，它是货物买卖谈判内容中的一个最重要、最关键的内容，因而是谈判双方最为关注的事。另外，采用什么方式支付也是双方极为重视的。

4.交货的日期、地点和方式。这也是谈判双方不可避免和含糊的问题，在什么时间、什么地点以及以什么方式交货都应在谈判时讲清楚，否则会造成事后纠纷。

5.验收。验收包括验收方式和验收后提出异议的期限。验收分为数量验收和质量验收。数量验收一般在交货时进行；质量验收应按协议规定的标准进行。

6.违约责任。谈判达成一致意见之后，若一方违约应承担什么法律责任，怎样制裁违约方，都应由双方通过谈判决定。

◎ 工程项目的谈判

工程项目谈判与货物买卖谈判有很大区别。如果用买方和卖方的观点来看，买方则是工程的使用单位，卖方是工程的承建单位。

工程项目谈判是最复杂的谈判之一。这不仅仅是由于谈判的内容涉及广泛，还由于谈判常常是两方以上的人员参加，使用一方、设计一方和承包一方。承包一方又可能有分包商和施工单位，而使用方还可能有投资及管理等方面。

在工程项目谈判中，卖方即承包方是通过对其人工成本、分包商成本、所购入原材料和安装设备成本的计算，提高标价来获取利润的。因此，标价越高，获利也越大，但买方在多数情况下是通过招标的方式来选择自己的谈判对手。这样，在谈判开始之前，双方对标价就有一个大概的估价，在谈判中着重讨论的是工程预算的各项成本费用、工程的质量标准、工期、保险等。同时，承包商的信誉、能力以及技术人员的经验，都应是影响谈判双方的重要因素。

工程项目谈判一般应包括以下内容：

1. 人工成本。由于工程项目需要人员施工，因此，人工成本费用在工程预算中占很大比重，双方人员应认真磋商这部分支出的合理比例，如工资额、奖金额以及其他支出。

2. 材料成本。在工程建设中要耗费大量的钢材、木材、水泥等建筑材料，对于这部分费用的估价要仔细研究确定。

3. 保险范围和责任范围。为避免在施工过程中的人员伤亡，以及妥善处理伤亡后的各类事宜，双方必须明确保险范围和责任范围。

4. 进度报告。双方还应明确，承包公司有责任提供有关已完成工作比例的进度报告；同时，买方也应及时核实卖方的工程进度报告。

5. 承包公司的服务范围。有关承包公司的服务范围及其责任讨论得越详尽越好；否则，双方只在合同中笼统地规定各自的责任范围，即使说明可以变更，但买方要承包公司承担另外的责任，往往要付出很高的代价。

6. 工程设计调整。在工程项目施工期间，更改设计几乎是难以避免的。双方在谈判中应明确规定谁有权要求和批准设计变更，通过什么程序；承包公司应如何计算必需的变更费用，以防止承包公司对变动设计漫天要价。

7. 价格变动。双方还应考虑到在施工期间，由于人工费用增加和材料成本价格变动的影响，在合同中应做怎样规定。

8. 设备保证书。由生产厂家制定的设备在安装过程中可能会有所改动，这样原制造厂家对安装要求和运转数的说明书、保证书就有可能失效。所以，为了避免在以后使用中出现问题，责任不清，双方在谈判中应明确由谁负责担保。

9. 工程留置权。承包公司可能将所承包的任务转包给其他公司，如果分公司没有得到承包公司应付的款项时，可能拒绝转移所有权，因而影响买方的利益。所以，双方在谈判中应明确规定出现上述情况时双方的责任及赔偿方式。

其他诸如不可抗力、执照和许可证、侵犯专利权等都是双方谈判所涉及的内容，切不可忽略。

最后，需要特别强调的是：在施工过程中，买方可能常常会对设计进行一些调整，以提高建筑水平或改变项目的范围。如不能规定明确的计算费用标准，很可能被承包商钻空子，许多承包商都是靠设计变更以获得“额外收入”来补偿最初投标的低利或无利的。

◎ 技术贸易谈判

技术贸易是指有偿的技术转让，即通过买卖方式，把某种技术从卖方转给买方的行为。

技术贸易与商品贸易有一定区别。这是由于技术是一种特殊产品，它不像一般商品那样具有可见的形状，可以计量和检验质量。技术不是物，而是以知识的形态存在着，如一项发明创造或一种新的制造工艺与技术资料等。技术必须“凝结”在劳动力和生产资料中才能变为物质力量，才能充分体现其使用价值。

在技术贸易中，当一方转让某项技术时，通常是介绍使用该项技术可以实现何种新的工艺，生产出什么新产品，或者达到何种改进生产状况预期目标。而这种预期目标是否能够达到，对技术引进方来说，只能在签订技术转让协议并经过使用该项技术后，才能体验评估出来。

商品交换的过程是相对短暂的。一笔交易完成后，双方的买卖关系就告终止。而技术交易往往是一个很复杂的过程，从谈判签约、转让技术到投产受益，往往要延续较长的一段时间。因此，在技术贸易中，每笔交易都要签订合同，对技术转让过程中可能出现的争议都要明确规定。

技术保密是技术交易中的另一个特点。商品在成交前是不保密的，甚至可以先试用。但在技术市场上，潜在的供方为了保护自身的利益，对技术是保密的。在技术交易签约前，对受方是保密的，或者不愿透露技术的关键细节。这在某种程度上也会影响技术交易谈判的进行。

技术交易谈判一般分为两个部分，即技术谈判和谈判。技术谈判是供受双方就有关技术和设备的名称、型号、规格及技术性能，以及质量保证、培训、试生产、验收问题进行商谈，受方通过谈判可进一步了解对方的情况，摸清技术和设备是否符合本单位的实际和要求，最后确定引进与否。

谈判是供受双方就有关价格、支付方式、税收、仲裁、索赔等条款进行商谈。通过商谈确定合理的价格、有效的途径与方法，以及如何将技术设备顺利地从供方转移到受方。

总括起来，技术贸易谈判应包括以下几方面内容：

1. 明确协议项目及转让技术的范围。包括产品设计、制造工艺、测试方法、质量控制、材料配方等。其中，合同产品的系列、型号、规格，以及要求达到的技术参数，必须专立附件，明确规定。这是双方对合同产品进行验收的标准依据，即明确受方利用引进技术生产产品应达到的水平。如同时引进设备和材料，也应明确规定。

2. 明确供方必须及时提供的一切有关的技术数据和技术资料，并规定如供方提供材料不完整、不及时应负的责任。明确的细则包括技术资料清单和件数、各种图纸的数量、资料交付的时间和地点等。

3. 明确转让技术的所有权问题。引进技术涉及专利和商标使用权等问题。受方必须明确有否引进专利的必要、供方专利的实际情况、各项专利的期限等。

4. 明确提供的技术属供方所有，并正在使用。

5. 技术服务条款。双方应明确，供方指派技术专家帮助实施技术，生产合格产品的日期、地点、次数、人员、费用等。

6. 培训受方技术人员。双方应根据实际需要，协商确定培训的内容，受方技术人员的专业、职务、人数和实习期限，供方培训的技术内容和受训器材等。

7. 安装试车与考核验收。设备的安装试车和技术考核验收是实现技术有效转移，保护受方利益的主要环节。双方应明确除对技术资料设备的验收外，还必须使供方对提供的专利、专有技术和设备进行综合性的考核和验收。此外，双方还应规定出现问题时各自的责任及处理办法。

8. 技术的改进与发展。现代技术更新换代极快。因此，在合同有效期内，可能会出现技术改进或发展，双方在磋商时应明确改进和发展后的技术如何处理，如改进技术专利申请权的归属、相互转让改进技术的支付的费用等。

9. 保密。技术交易与产品交易的区别之一就是技术保密。

双方应明确保密范围和保密对象、技术资料的使用和所有权、泄密的责任等问题。

10. 价格与支付方式。在技术交易中，价格条款的协商比较困难。一般的商品售价是成本加利润，而技术价格则是由直接费用、间接费用和利润补偿三部分构成的。直接费用，包括供方为转让技术而花的费用，如派出谈判人员、接待考察、复制资料、提供样品等。间接费用，是指供方对技术的研究和开发费用的补偿。它是按照技术可能转让的次数分摊的。利润补偿，是指由于转让技术使供方蒙受利润损失的补偿。这部分是技术价格的主体。此外，还应考虑技术无形损耗和支付方式等方面的问题。

11. 销售。技术转让的问题之一，就是引进技术投产后的产品销售问题。即用引进技术生产的产品销往何处，是国内还是国外？这也是谈判双方争论的焦点之一。销售条款应与技术费用相关。

12. 不可抗力。由于技术转让所获得的效益费时较长，在此期间，很可能由于各种外界条件，如战争和地震等影响协议的履行。

因此，双方必须明确规定，不可抗力出现后的联系与处理，以及必要条件下的协商问题。

◎ 投资谈判

投资谈判可以分为创办独资企业谈判和创办合资企业谈判。创办独资企业的谈判双方是企业与投资所在地的政府部门，因而谈判的内容主要集中在宏观方面，主要内容有：投资项目、投资额、当地市场销售比例、税收政策、环境保护、劳动力雇用、利润汇出、投资期限、财务审计等问题。

创办合资经营企业的谈判。无论是外国公司来中国办合资企业、还是中国企业到外国办合资企业，或是中国企业在国内举办合资企业，谈判的主要对手都是企业，因而谈判的内容主要集中在微观方面，主要包括：投资总额和各方的投资比例、出资方式、销售市场、组织机构、合营期限、投资缴纳的方式与时限、利润的分配等。

◎ 薪资谈判

作为企业，尽管有薪资方案，但假如薪资方案以不变应万变取守势，不论对吸引人才还是对企业形象来说都是不好的，但假如以变化来迎合求职者的要求，本来的薪资方案就失去作用，并会在企业内部产生“地震”。因此，有技术地把握薪资方案，尽可能地把企业所需要的人员吸引进公司才是上上之策。

先发制人，问对方的薪资要求是多少？一般企业也常用此招，但要注意一点：有些求职者因工作难找而怕真实的薪资要求被拒绝，所以取“低姿态”，这种人是有隐患的，尤其是应届大学生会为将来的离职埋下伏笔，因而揣摩一下求职者的动机、行情或他原单位的薪资水平，太离谱反而有问题；另外，有些求职者善于踢皮球，“按贵公司的薪资规定办，我个人没意见”，其实现在的社会对薪资要求到“随便”的状态不太可能，说“随便”其实最不随便，只不过比较具有隐蔽性而已。因而在薪资上双方一定要讨个说法，先说个价再讨价还价为好。

有些员工开的价远远超过“内定”的价，一种可能是他原单位的薪资，一种可能是他的理想值，还有一种可能是他漫天要价，但不论哪种可能，首先要问清楚他原单位原岗位具体情况，如工作量、岗位职责等，与我企业的要求比较差不多还是差很多。若差不多，则明确跟他讲，业务范围差不多，但目前还达不到这样的薪资，并从两个企业的规模、发展前景比较，尤其针对他离职的原因及他的价值取向（如稳定、离家近等）方面论述，供应聘者综合比较；若相差很多，则从该岗位在企业的地位、职责范围等方面论述，从而明确告知定位问题不统一，在薪资方面也很难协调。

假如对薪资水平没问题，那再讨论福利等方面的内容，尽管这方面政策性很强，但有必要强调说明一下以便给应聘者一种踏实感。同时由于公司的差异性，对公司的内部福利也是应聘员工所关心的内容，如工作餐、制服、旅游等，尽管这些不是薪资内容，但这是企业的人力成本并分摊在员工身上的，有利于吸引应聘者，应聘者甚至通过这些内容来判断你公司是否正规、有无人情味、凝聚力、对员工的重视程度等，而这些都可在谈判薪资时谈到。

◎ 求职谈判

对于求职谈判，有一些基本的谈判原则对于求职者有重要的指导意义，具体表现如下：

一、充分准备

做好充分准备是求职谈判成功的一个十分关键的因素，你掌握的信息越多，成功的可能性就越大。因此，你应该充分利用网络、报纸、亲友等途径来获取有关意向单位的尽可能多的信息，并作出比较分析，从而做到心中有数。

二、认识到求职谈判是独特的

求职谈判不同于其他的谈判，它们不像买房子或买汽车那样是一下子就可以敲定的买卖。谈判结束之后你仍然不得不与你的老“谈判对手”保持日常性的联系。更重要的是你能否开始新的职业生涯可能就取决于刚刚和你结束谈判的那个人。所以，尽管你很希望取得最好的谈判结果，但不要急功近利，一定要保持自己的形象。出于同一个原因，你将来的老板同样想使你感到加入公司的好处，想使公司在你的脑子当中形成一个美好的印象。一旦老板决定录用你，首先要考虑的问题不是要和你谈判公司给你的最高待遇的问题，而是如何使你接受和适应工作。

三、了解自己和你将来老板的需求

每一个谈判都会涉及双方折中问题，想在这种谈判中取胜，你需要对自己有一个充分的了解。你想要什么？你是否适应低工资高奖金的制度？你是否有信心拿到奖金？你能否忍受较大的工资浮动？劳动保险对你来说到底有多重要？

了解自己的需求还能帮你决定为哪种公司工作（例如，家族办的公司可能会比股份公司支付的工资高，股份公司可能会给你股份或是进行股权激励，而这一点是家族办的公司所不能办到的）。如果不考虑公司的类型，很可能公司不能满足自己的需求。

了解自己的需求和公司在自己的组织内解决问题的能力十分重要，这样可以使你判断为了最大程度满足自己的需求在求职谈判中应该折中到何种程度。

四、一定要把握住特殊谈判的关键

有时你所具备的技能和经验有很大的市场和需求，通过应聘和面试你也许是最佳候选人，并且招聘公司正急于聘用一名像你这样的人才，很简单，如果你能拖延关于待遇问题的谈判直至公司正式聘任你后，那么你就掌握了这种问题谈判的主动权，你的待遇和职位将会令别人羡慕不已。

另一方面，也许同时有几个较为合适的候选人都在公司的考虑范围之内，并且雇用哪一个对公司来说都可以。在这种情况下，有关待遇问题的谈判可能就是获得该工作的决定性因素，此时，慎重了解现实情况、深入了解其他各方的相关信息将会使你扬长避短，先胜一筹。

五、要如实突出自己的长处

诚实十分重要，如果在谈判过程中撒谎的话，迟早会露馅。一旦被对方识破谎言，那么你的信誉全无，机会尽失。即使你得到了这份工作，你也会处于极为不利的境地，在将来的工作中信誉也会一点一点地丧失掉。

六、明白应聘过程中公正、公平的作用

对大多数老板来说，决定他们赞同什么反对什么的一个重要原则就是公正、公平。在他们的预算和组织的约束框架之内，为了吸引一些他们想要的人才，他们一般对公正的、公平的、合理的要求是赞同的。公正、公平的要求在求职谈判中是最有力的武器，有时这种要求会使老板调整公司的工资结构增加对一个职位的预算金额。

你应该能够证明所有的有关公正、公平方面的要求。如果你要去的工作地的生活消费水平比其他的地方高，只有提高一定的工资水平才能有效地对你做出足够的补偿。如果在类似的公司中相同的职位被赠与了1%的股权，那么你也应该被相同对待，你的老板也会希望你能接受这种赠与以使你感到公平。明白公平、公正的重要性是谈判中的一个重要原则，它甚至能够决定你的成败。

七、要有创新性

也许你不可能得到想要的一切，但是你想确信可以得到能够得到的一切。把重点放到待遇的整体考虑上，寻找各种途径和方法以达到你的目标。

在谈判上一定要把握好让步技巧，从而提高整体待遇标准，适当地对你的要求做一下限制，一旦你囿于某一点之后创新能力就会受到很大的限制。

如果灵活处理，你就可以以一种公司能够接受的方式得到期望的待遇。

最后，你必须使公司接受你的最关键、最基本的要求，如果做不到这一点，或是让步的、放弃的太多，即使你得到了这个工作，也许这个工作对你来说也是不合适的。但是，在坚持那些特定的谈判条件之前，一定要确信它们对你是至关重要的。过于坚持某一特定要求，你可能要以放弃其他更多价值为代价，也许要以失去整个工作为代价。

八、把重点放到目标上，而不是赢得谈判上

在谈判中，人们常常把赢得谈判看得比谈判目标更加重要，这样做就完全本末倒置了，这种趋势在求职谈判中也是一个普遍存在的问题。

不但要达到自己的求职目标，还不能使你将来的老板感到在谈判中他是个输家，因为这个人控制着你的将来，如果使老板对你有成见，即使你赢得了谈判，可以说你也只是赢得了一点儿利益，其实收获并不是很大。

九、适可而止

在谈判中你提出了自己的要求与条件，并且对其辅以理由之后，一般情况下都会得到相应的答复，这时，你应该感谢你的谈判对手并且接受这个结果。如果你不能意识到何时应该停止谈判，那你就冒着一个失去这个机会的危险，因为老板会认为你的决策能力不够强，给你委以重任将是一个错误。大多数公司都会公平地对待你，使谈判过程很轻松愉快，但也有极个别的公司可能会使你暴跳如雷、七窍生烟，此时就需要克制自己，冷静一点，泰然处之。

◎ 索赔谈判

索赔谈判是指合同义务不能履行或不能完全履行时，合同当事人双方进行的谈判。在合同执行过程中，经常由于各种原因出现违约的情况，所以索赔谈判也是一种主要的谈判类型，与合同谈判和意向谈判相比较，这种谈判的特点是：

1. 针锋相对、紧张激烈

在多数情况下，索赔谈判是由于一方或双方违约造成损失，受损方要求对方赔偿的行为。由于给某一方造成损失，所以，在谈判的初始阶段，双方就会摊牌，受损方会提出具体的索赔要求，而另一方马上针锋相对，提出自己立场。双方的这种较量不同于意向谈判与合同谈判，那种谈判是双方互相试探和摸底，以求最大限度满足己方要求的合作。而索赔要求是双方在合作中出现矛盾或重大分歧给某一方甚至双方造成损失的情况下提出的，双方在感情上和行动上都比较冲动，态度也比较强硬，谈判的气氛自然也比较紧张。

由于谈判人员处在解决问题的对立面，所以要达成赔偿的协议十分困难，场面也令人十分不快。许多谈判专家认为，索赔谈判是最为困难的谈判之一。

2. 重合同、重证据

索赔是在合同基础上提出的赔偿要求。因此，必须按照合同条款所确定的内容，提出对方违约的责任和行为，并确定赔偿的金额数量。所以合同是判定违约的唯一标准。

重证据。一方要求向另一方提出索赔，必须依据合同条款提供证据以确保索赔成立。如：提出供货方产品质量有问题时，要拿出有关部门提出的技术鉴定书或产品鉴定书；指控卖方不按期交货，则必须提出货物运输提单。此外，电传、信件、照片、产品样品、商检证明等，都是提出索赔要求的有关证据，要妥善保存，以备不时之需。

3. 索赔的处理方式是谈判双方的主要内容

一方提出索赔，总要提出索赔的证据和理由，另一方的反应可能有两种情况：一是承认己方责任，同意赔偿，双方协商赔偿的方式与额度；二是不承认被指控的责任。在这种情况下，受损方要求索赔可能有两种形式：一种是提出索赔的一方利用自己有利条件(如货款未付)，迫使对方同意赔偿，即强行索赔；另一种是向合同管理机关申请调解或仲裁，甚至向法院起诉。一般地讲，索赔有三种形式：协商索赔、强行索赔和请第三方干预索赔。如果是前两种情况，索赔主要是通过谈判解决；如果是第三方出面仲裁解决，则具有强制性，纠纷双方都要无条件服从仲裁结果。

4. 索赔谈判内容的独特性

这主要是指索赔条款的协商与意向谈判及合同谈判不同：

（1）违约的行为是什么。如产品交易的索赔，买方指责卖方产品质量不合格，双方就要坐下来弄清楚产品质量是否有问题，证据是什么，是否具有可靠性。

（2）违约的责任在哪一方。确定产品质量有问题，还要明确责任在哪一方或谁负主要责任。如安装的设备发生故障，买方指责卖方产品有问题，而卖方却认为是买方安装使用不当造成的，这就需要出示各种证据和原始资料，双方坐下来认真分析。

（3）确定赔偿金额。赔偿的形式和赔偿金额可参照合同规定的违约金和赔偿金，也可以根据双方合作的情况及合同执行情况协商议定。如确定赔偿金额有困难，可用第三方做仲裁。

（4）确定赔偿期限。赔偿期限的确定也很重要，因为很可能在赔偿过程中，情况发生重大变化，如果不确定赔偿期限，赔偿就可能无任何意义。

◎ 识别骗子

某年，甲公司代表受邀参加了上海电力系统一个工程项目的谈判，乙国的一位商人带了一位助手参加了第一轮谈判。见面后，他们交换了名片，乙国商人的名片上的职务是“××工厂厂长”。这家公司是颇有名气的跨国企业，但按常理，特别是在国外，厂长不应该在市场中进行商业活动，他的责任是负责工厂的日常生产。甲公司代表在私下和公司的负责人谈了他的想法后，他们一致认为要谨慎对待这位商人。

谈判过程中，这位商人夸夸其谈，努力证明自己有足够的能力来完成甲公司的项目，包括资金的募集、技术的提供、设计的策划等。因为甲公司代表的警惕，最终只签了一份初步的合作意向书，没有作出具体的承诺。

事后，该商人没有对承诺的下一步有任何具体的行动，甲公司经过调查证明，这位乙国的商人来中国是另有目的的。

骗子在行骗过程中总会漏出马脚，再高明的骗局都有漏洞。上例中，乙国的商人准备工作做得也算是充分，从助手到名片，再到对工程项目的了解。但是，他低估了对手对国外情况的了解，也低估了对方的谨慎。甲公司代表的做法非常恰当，最初只是怀疑，并不能肯定对方的真实身份和目的，这时如果当面拆穿或者拒绝谈判，将会使可能合作的机会白白丧失，并给公司形象造成很坏的影响；反之，谈判的继续更便于搜集对方是否是骗子的信息。骗子之所以是骗子就在于他说得很好听，当开始做时人就无影无踪了。谈判的结果不是不合作，也不是确定了具体的合作合同，甲公司代表非常聪明地只签了一份初步合作意向书，并不作出具体的承诺。这样，如果对方不是骗子，真想合作，甲公司也有继续和其合作的可能；

如果是骗子，甲公司并没有什么损失。

骗术形形色色，人的目的各不相同。随着社会的发展，利用人性的弱点及法律法规的不健全，商业行为中的骗术、骗局也在不断翻新。所以，想要了解所有的骗局来防止被骗并不是最好的选择。

谈判是一场博弈，与可能是骗子的人谈判是一场不能输的博弈。平常注意积累知识，尤其是各行各业的基本常识。谈判过程中，要谨慎，多想想对方这样做的目的，以及他有没有做好所承诺事情的能力。行骗者总是会在不经意中泄露一些信息，这些信息对我们分析其目的会很有帮助。比如，你们谈判的技术性问题，他似懂非懂；谈判过程中，多次不停夸耀自己的能力；对细节问题关心不多，只关心资金的问题；在没有任何理由的情况下，做出巨大让步，等等。

其实，做好信息的搜集和整理工作，谈判时多分析，识破骗局并不难。

报裁，2004年年底，长虹集团被美国APEX公司恶意欠款高达4.8亿美元。2001年，长虹7.7亿元的出口总额中，APEX即以46亿元的货款欠款额名列第一，占长虹总出口额的45%左右。之后的三年，长虹应收账款越积越多，导致了最后的恶意欠账。

与长虹合作之前。总部设在美国的APEX公司已经同国内的宏图高科、天大天财和中国五矿等发生过巨额货物欠款的先例，其中，中国五矿还与APEX公司对簿公堂。

长虹与APEX公司合作之前，应该做些什么来防止被骗?

参考答案是：合作方曾经与其他公司做生意时的表现是判断此次合作其表现最好的参考。长虹调查得知对方曾经的“劣迹”后，就算一定要合作，也应以先付款再交货为前提。